아무리
바빠도

마음은
챙기고
싶어

아무리 바빠도 마음은 챙기고 싶어

날마다 나에게 다정한 작은 명상법

파울리나 투름 지음 | 장혜경 옮김

갈매나무

한국의 독자들에게

안녕하세요, 친애하는 한국 독자 여러분.
제 책이 아름다운 나라 한국에서 출판된다니 정말 놀랍고 영광입니다. 한국에서는 이미 독일 못지않게 많은 사람이 명상에 호응한다고 들었어요. 그래서 제 책이 여러분에게 전해진다는 소식이 더욱 반갑습니다.
'날마다 작은 명상'이라는 제 특별한 제안이 여러분 마음에 들면 좋겠습니다. 이 방법이 제 삶을 풍요롭게 했듯이, 여러분 삶도 더 풍요롭게 해주기를 바라고요.
이 자그마한 책에서 여러분이 언제든지 필요한 도움을 얻기를 희망합니다. 고맙습니다.

파울리나 투름

Paulina Thurm

차례

2부 이럴 때 이런 명상, 순간마다 나를 믿는 힘

⑤ 해내야 할 일이 버거울 때

들어가며

눈을 감으면 더 또렷이 보이는 것들

당신을 위한 여유, 당신을 위한 순간, 당신을 위한 만남에 시간을 내어준 걸, 두 팔 벌려 환영해요.

당신이 누구인지, 행복이 어디서 오는지 알아보자 마음먹은 용기에 박수를 보냅니다. 인생이 던지는 질문에 마음을 다해 답해보자 결심한 당신은 얼마나 멋진 사람인지요.

: 명상, 나를 해방하는 하루 한순간

명상은 멋지고 힘찬 일상의 동반자입니다. 자신을 있는 그대로 받아들이고 사랑할 수 있게 도와주지요. 또 너그러운 마음으로 세상을 바라보고 나쁜 생각과 기분을 털어내게

합니다. 그리하여 우리는 매일 만나는 온갖 문제와 도전을 새로운 눈으로 바라보고, 꾸준히, 행복하게 자신의 길을 걸어갈 수 있습니다.

이 책을 펼친 지금, 당신은 벌써 그 방향으로 한 걸음을 내디딘 셈입니다. 혹시 명상해본 적이 있나요? 이미 평소 꾸준히 하나요? 오늘 처음 명상을 접했어도, 오래전부터 해왔어도 모두 괜찮습니다. 이 책은 명상이 당신 삶에 더욱 잘 스며들도록 도와줄 겁니다.

명상을 처음 시작했을 때 저는 마냥 쉽지만은 않았습니다. 모르는 것과 궁금한 게 넘쳤습니다. 그때 알았으면 좋았겠다 싶은 것들을 모두 여기에 담아보았습니다.

: 전혀 다른 인생을 만나는 기쁨

명상을 몰랐을 때 저는 제 감정에 빠져 잘 헤어나오지 못했습니다. 자신은 물론 다른 사람들을 사랑하고 배려할 줄 몰랐습니다. 나쁜 생각이 꼬리에 꼬리를 물고 이어졌지만, 아무리 노력해도 떨쳐내지 못했습니다. 사실 그 감정과 생각을 불러내고 부추긴 장본인은 다른 누구도 아닌 바로 저 자신이었는데요.

다행히 명상을 시작한 후로는 저를 있는 그대로 편안하게 인정할 수 있었습니다. 저 자신과 제 감정을 이해할 수 있었지요. 또 명상에서 힘을 얻어 편안한 마음으로 문제를 해결하고 새로운 도전에 대한 두려움도 극복할 수 있었습니다. 그사이 제 인생은 상상했던 것보다 훨씬 더 아름답고 행복해졌습니다.

⁝ 날마다 언제 어디서나, 고요할 결심

명상에서 큰 도움을 얻었기에 다른 사람에게도 그 기운을 전하고 싶었습니다. 그래서 명상 이론을 공부하고 다양한 경험을 쌓으며 전문 명상 기술과 기타 긴장 완화 기술 교육을 받았습니다. 그리고 마침내 2019년 1월 팟캐스트 '매일 명상Meditation für jeden Tag'의 문을 열고 무료로 많은 분에게 제 명상법을 알렸습니다. 지금도 매주 한 번 명상 수업을 열고요.

지금까지 100회(2022년에는 200회를 넘어섰습니다—옮긴이)가 넘게 명상 수업을 진행했습니다. 주제는 인생만큼이나 다양해서, '긴장 해소'부터 '자기 몸 존중하기', '용기 북돋기'에 이르기까지 정말 다채롭습니다.

그러다가 조금 더 많은 사람에게 이 고요한 명상을 알리고 싶다는 마음에, 새롭고 쉬운 안내서를 써보면 어떨까 생각이 들었습니다. 다양한 상황에 맞는 여러 명상법으로, 틈날 때마다 원할 때마다 명상할 수 있도록 돕자는 취지였죠. 그렇게 탄생한 이 안내서는 '언제 어디서나 고요하게' 명상할 수 있는 지식과 용기를 당신에게 전할 겁니다.

본격적인 명상의 문을 열기에 앞서 몇 가지 배경지식도 정리해 두었습니다. 기본 지식을 알면 아무래도 명상에 좀 더 쉽게 다가갈 수 있을 테니까요.

이 명상법이 여러분 마음에 들면 좋겠습니다. 앞으로 우리가 함께 자주 명상할 수 있다면 더욱 좋을 테고요!

파울리나 투름

1부

언제 어디서나, '작은 명상' 사용설명서

①

누구나!
오롯이 나와 친해지는 비법

왜 너도나도 명상을 권할까요?

명상Meditation은 라틴어로 '곰곰이 생각하다' '중앙을 향하다', 티베트어로 '자신과 친해지다', 산스크리트어로 '자아를 키우다'라는 뜻입니다.

명상의 인기가 날로 높아지고 있습니다. 당연하고 또 바람직한 일이지요. 명상은 맑은 정신으로 편안하게 인생을 엮어갈 수 있는 알찬 방법이니까요. 하지만 여전히 편견도 있습니다. 명상이 무엇인지, 어디에 좋다는 건지 잘 모르겠다는 사람이 많습니다. 종교나 영성으로 착각하는 사람도 많고요. 과연 그럴까요?

지금으로부터 5천여 년 전 여러 문화권의 성직자와 학자가 기도 명상을 했습니다. 가장 오래된 문헌은 인도에서 발견되었습니다.

그 문헌에는 호흡과 집중력 훈련이 나와 있지요. 이런 간단한 명상법들이 점점 발전하다가 마침내 요가와 불교 명상이 탄생했습니다.

불교 명상의 최고 목표는 아상我相(자아에 실체가 있다고 여기고 여기에 집착하는 상태—옮긴이)을 버리고 깨달음에 도달하는 겁니다.

그밖에 기독교와 유대교, 이슬람교에서도 명상은 몰입해서 고요히 영성을 닦는 훈련의 한 형태로 활용되었습니다. 깨달음이나 신께 이르는 종교 체험의 한 방법으로 이용한 거죠.

: 마음을 챙긴다는 것

현대의 명상은 마음챙김을 바탕으로 스트레스 해소에 초점을 두므로 종교와는 다소 거리가 있습니다. 마음챙김은 현재 상황의 좋고 나쁨을 판단하거나 분별하지 않고 의식적으로, 있는 그대로 인식하는 것을 말합니다. 내적으로나 외적으로나 평안을 찾는 훈련법이므로 요즘엔 종교나 영성에 관심이 없는 사람들도 많이 찾습니다.

현대의 마음챙김 명상법은 몸과 마음에 긍정적인 영향을 주는 효과적인 방법입니다. 스트레스를 줄이고 더 건강하게, 더 큰 행복을 느끼게 하죠. 집중력과 평정심을 주는 것은 물론이고 창의력도 키웁니다.

전 세계 수많은 기업도 스트레스 해소는 물론 업무 능력까지 강화하는 명상의 효과에 주목합니다. 원하면 언제든 명상할 수 있도록 회사에 별도의 공간을 마련하고, 특별히 비용을 지불해 직원을 마음챙김 수업에 보내기도 합니다.

⁝ 누구나 할 수 있는 명상법

누구에게나 자신에게 맞는 명상법이 있습니다. 현대의 마음챙김 명상은 굳이 목표를 세우지 않아도 됩니다. 시작만 해도 금방 긍정적인 효과를 느낄 겁니다. 국적이나 나이를 따지지도 않습니다. 명상을 시작해서 더 행복하고 건강하게, 더 주체적으로 살고 싶다는 의지만 있으면 됩니다.

아래 간단한 마음챙김 명상법으로 시작해볼까요?

1. 눈을 감고 현재 이 순간에 집중합니다.
2. 자신의 몸을 느끼고 호흡의 흐름을 따라갑니다.
3. 잡념이 일어나면 그 생각을 의식적으로 알아차린 후 흘려보냅니다.
4. 다시 호흡에 집중합니다.

자, 보세요. 전혀 어렵지 않습니다. 명상은 억지로 생각을 멈추거나 머리를 텅 비우는 게 아닙니다. 떠오르는 생각과 마음을 분별하지 않고, 의식적으로 인식하고 알아가며 긍정적인 변화를 이끌어냅니다. 이 순간을 보다 맑은 정신으로 살아가게 합니다.

명상의 기원과 역할을 살펴봤으니 이제부터는 명상이 어떻게 당신을 도울 수 있는지, 왜 명상이 멋지고 대단한지, 아주 중요하고 실질적인 정보를 함께 살펴보겠습니다.

정신없던 삶이 또렷해지는 경험

나이와 성별을 불문하고 전 세계에서 명상의 장점을 깨달고 활용하는 사람이 늘어나고 있습니다.

요즘은 하루 종일 외부 자극이 강물처럼 밀려듭니다. 스마트폰 알람으로 눈을 뜬 아침부터 빛을 쏟아내는 온갖 전자기기와 광고판을 지나쳐 퇴근하는 저녁까지, 수많은 자극이 우리를 따라다니지요. 당연히 우리 몸과 감각기관에 분포된 신경 말단들도 자극의 '집중포화'에 시달립니다. 이런 엄청난 양의 자극은 우리가 의식하건 안 하건 엄청난 스트레스를 유발합니다.

다행스러운 소식은, 명상을 통해 이 스트레스에 적극적으로 맞설 수 있다는 겁니다. 마음챙김 명상은 생리적으로 두뇌조직을 바꿉니다. 신경세포 간 연결을 촘촘하게, 두텁게 강화합니다.

이렇게 이해해보세요. 모든 형태의 정신 활동이 두뇌 신경조직에 흔적을 남깁니다. 특정 정신 활동을 규칙적으로 반복하면 그 흔적은 서서히 오솔길이 되고, 더욱 꾸준히 반복하면 길이 넓어져 튼튼한 도로가 됩니다.

그러니 우리 두뇌조직은 절대 변치 않는 게 아닙니다. 만들어갈 수 있습니다.

사람의 두뇌는 외부에서 들어오는 모든 신호를 중요한 정보와 중요하지 않은 정보로 구분하고, 중요치 않은 것은 걸러냅니다. 그래서 어떤 정보는 전혀 의식하지 않습니다. 만약 두뇌가 이런 일을 하지 않는다면 우리는 쉬지 않고 밀려드는 엄청난 양의 자극 탓에 한순간도 또렷하게 생각하고 경험할 수 없을 겁니다.

자, 이제 우리는 스스로 두뇌 조직, 다시 말해 의식 조직에 영향을 줄 수 있다는 사실을 알았습니다. 그러니까 우리는 바라는 대로 자기 인식 방식을 바꾸고 행복의 감정도 바꿀 수 있다는 이야기입니다.

: 행동의 기원은 생각에 있다

생각은 대부분 특별히 의식하지 않은 상황에서 일어납니다. 의식적으로 어떤 생각을 하고 싶다면 명상을 통해 자기 생각을 관찰하고, 종일 무슨 생각을 하는지 알아차려보면 좋습니다.

우리는 자율주행차를 탄 사람과도 같습니다. 하루 중 많은 시간을 진화를 통해 몸에 새긴 일상 프로그램을 실행하느라 바쁩니다. 물론 아주 자연스러운 일입니다.

'석기시대 두뇌'는 옛날 우리 조상이 매머드에게 깔려 죽지 않고 맹수에게 잡아먹히지 않도록 도와준 행동 양식과 프로그램을 반복 재생합니다. 그 점이라면 석기시대 두뇌에게 참 감사해야 합니다.

하지만 현대에는 매머드도 맹수도 없죠. 우리가 명상으로 직접 운전석 문을 열고 들어가 핸들을 잡아야 할 이유입니다. 주어진 자극에 충동대로 반응만 할 게 아니라, 스스로 원하는 대로 행동하고 창조해야 합니다.

마음챙김을 잘 활용하면 힘들고 어려운 상황에서도 냉철한 이성을 유지할 수 있습니다. 생각 없이 반사적으로 결정하고 후회하지 않을 수 있습니다. 당연히 일상의 갈등과 부담도 잘 해결할 수 있죠. 꾸준히 규칙적으로 할수록 좋습니다. 평정심을 놓지 않을 수 있습니다.

이 책에서 소개한 명상법으로 당신도 마음을 평화와 사랑, 긍정으로 가득 채우면 좋겠습니다. 나를 사랑하는 방법을 알면 다른 사람도 사랑할 수 있습니다. 내 마음으로 마음의 바깥세상도 만들 수 있습니다. 자신을 사랑하며 내린 결정은 오래오래 당신 삶에 긍정적인 영향을 미칠 겁니다.

엄격하지 않아도 좋아요

명상은 어떻게 하는 걸까요? 특별한 규칙이나 의식이 있을까요? 너무 걱정하지 마세요. 그렇게 엄격한 건 아니니까요.

명상을 시작하는 데는 여러 방법이 있습니다. 가령 호흡이나 자기 신체, 내면 이미지에 집중하는 것만으로도 명상의 문을 열 수 있습니다. 그렇게 하면 마음이 차분해져서 자신과 하나가 될 수 있거든요.

이 책은 당신에게 다양한 명상법을 소개할 겁니다. 개인적인 취향과 시간, 목적에 따라 한 가지를 고르면 됩니다. 마음에 드는 명상법을 골랐다면 무작정 시작하지 말고 일단 몇 번 읽으면서 머릿속으로 따라 해보세요. 그렇게 차례를 외우고 마음속으로 명상을 준비합니다.

명상 중 다음 차례가 기억나지 않을 때는 두 가지 방법이 있습니다. 그냥 내키는 대로 계속하거나, 잠깐 멈추고 책을 다시 들여다보는 겁니다. 무엇을 택해도 다 좋습니다. 몇 분 동안 다시 호흡에 집중했다가 다음 차례로 넘어가면 되니까요.

⋮ 언제—어떤 시간이라도

뭐든 자주, 규칙적으로 하다 보면 수월해진다는 걸 알고 있을 겁니다. 명상도 그렇습니다. 명상을 규칙적인 일과로 삼아보세요.

일단 일주일에 하루만 해보는 겁니다. 효과가 좋아서 마음이 편해지고 하루하루가 더 즐거워진다면 횟수를 늘립니다. 매일 시간을 정해 같은 시간에 명상하는 사람들은 많습니다. 가령 아침에 눈을 뜨면 명상으로 하루를 여는 거지요. 새로운 날의 상큼한 에너지를 받아들여 하루를 가뿐하게 시작할 수 있습니다.

명상을 처음 해보는 거라면 오전과 오후 시간 모두 시도해 보세요. 하다 보면 자신에게 가장 잘 맞는 시간대를 찾을 수 있을 겁니다. 옳고 그름은 없습니다. 어떤 시간이건 다 좋습니다.

: 얼마나 오래—마음이 시키는 대로

얼마나 오래 할지는 각자의 기호와 필요에 달렸습니다. 명상의 효과를 보는 데 어떤 사람은 5분이면 충분한데, 어떤 사람은 20분, 또는 그 이상이 필요하기도 합니다.

정해진 시간 동안 억지로라도 명상해야 한다고 쓸데없이 부담감을 느끼지 마세요. 각자의 속도대로 하면 됩니다. 서둘러 마칠 일이 아니고, 오래 해서 좋은 것도 아닙니다. 아무 부담 없이 마음이 시키는 대로 따르면 됩니다.

이 시간은 '당신만을 위한 시간'입니다. 당신만 생각해도 좋습니다. 한껏 즐겨보세요. 명상하다 보면 시간을 잊어버리는 경험을 할 수도 있습니다. 그래도 좋습니다.

: 어디에서—나에게 맞춤한 곳에서

집이나 방에 따로 명상할 자리를 마련하면 참 좋습니다. 특히 처음 시작할 때는 항상 같은 자리에서 명상하는 게 도움이 됩니다. 좀 더 빨리 명상에 빠져들 수 있거든요.

스트레스나 개인적인 문제로 명상할 때는 편안하고 아늑한 장소를 찾는 게 좋습니다. 이 책은 그 밖에 욕조나 전철처럼 다양한 장소에서 할 수 있는 명상법도 많이 소개합니다.

시간을 두고 다양한 장소에서 명상을 시도해보세요. 그러다 보면 당신에게 힘이 되는 맞춤 장소를 찾을 수 있을 겁니다.

: 자세—편하게, 단 잠들지 않을 만큼

흔히 명상한다고 하면 가부좌를 떠올립니다. 가부좌가 편하다면 당연히 그렇게 하면 되겠지요. 하지만 꼭 가부좌를 틀지 않아도 됩니다. 다른 자세로도 얼마든지 할 수 있거든요.

자세가 편해야 명상을 원하는 만큼 오래 할 수 있습니다. 그렇다고 해서 너무 편하면 도중에 잠들 수도 있으니 그건 조심해야 합니다. 눕거나 앉은 자세가 특별히 필요할 때는 각각 명상법에서 별도로 언급했으니 참고하세요.

: 마음가짐—애쓰지 않고 있는 그대로

명상할 때는 무엇보다도 현재 자신의 마음을 알아차리는 게 중요합니다. 지금 당장 무엇을 바꿔보겠다고 애쓰면 안 됩니다. 생각과 감정을 있는 그대로 알아차리세요.

물론 다음 순간에는 마음을 바꾸려 힘쓸 수도 있고 어쩌면 그렇게 하는 편이 더 좋기도 합니다. 하지만 첫걸음에서는 그저 지금 이 순간을 알아차리는 게 더 중요합니다. 분별하지 않습니다. 어떻게 해보려 애쓰지 않습니다. 그저 당신 마음에서 일어나는 일을 주의 깊게 알아차려봅니다.

분별하지 않아야, 지나친 기대를 걸지 않아야 긴장을 풀고 명상에 집중할 수 있습니다.

: 잡념—잠시 자리를 내주더라도

명상하다 보면 온갖 잡생각이 떠오릅니다. 그게 정상입니다. 대부분은 우리의 관심을 딴 곳으로 돌리려는 생각들이지요. 그런 잡념을 허용할지 말지는 우리 자신에게 달렸습니다. 규칙적으로 명상하면 자기 생각을 주의 깊게 알아차려, 잡념이 들더라도 그 생각을 계속 따라갈지 스스로 결정할 수 있거든요.

단, 잡생각이 들어도 자신을 타박해서는 안 됩니다. 사랑과 이해로 자신을 품으세요. 그저 알아차리고 잠시 잡념에 자리를 내주었다가 다시 평화롭게, 사랑으로 떠나보냅니다.

길가의 소음 같은 바깥의 방해꾼에게도 마찬가지입니다. 알아차리고, 잠시 당신의 주의를 끌었다는 사실을 깨닫고, 다시 정성을 다해 명상으로 되돌아갑니다.

: 눈을 감나요, 뜨나요?—중요한 건 정신 집중!

많은 명상법이 눈을 감으라고 권합니다. 눈을 감으면 아무래도 몸의 감각에 집중하기가 수월하고 내면의 생각과 감정을 알아차리기도 쉬우니까요. 특히 시각화 명상의 경우 눈을 감으면 더 상상하기 좋습니다.

만약 눈을 뜬 채로 명상하고 싶다면 앞의 한 지점을 정해 집중하는 게 가장 좋습니다. 그래야 정신이 딴 곳에 팔리지 않습니다.

: 시각화—상상이 현실이 되도록

제가 소개하는 명상법은 상상력을 많이 활용합니다. 시각화하는 거지요. 시각화는 우리 정신이 가진 힘찬 도구입니다. 우리가 어떤 장면을 상상하면 몸에서는 실제로 그 상황을 경험하는 것과 비슷한 효과가 난다고 합니다. 실제로 경험할 때와 똑같은 과정이 우리 머리에서 진행되면서 똑같은 호르몬이 분비되는 거지요. 그러니 생생하게, 자세하게 상상할수록 효과가 더 좋습니다.

처음에는 상상하기 어려울 수도 있습니다. 하지만 인내심을 갖고 꾸준히 반복하면 잘할 수 있을 겁니다. '완벽한' 이미지를 그리겠다는 의지가 오히려 가장 큰 걸림돌입니다.

완벽하지 않아도 됩니다. 괜한 부담감을 가지지 마세요. 그저 자신에게 물어보세요. '어떤 모양새일까?' 그리고 이미지가 떠오를 때까지 기다려보세요.

: 시작하기 전에

앞으로 소개할 명상법은 일상의 문제를 이겨내도록 당신을 지지하고 응원하는 방법입니다. 하지만 절대 기적의 약이나 만병통치약이 아닙니다. 명상이 심리치료나 병원 치료의 대안이 될 수는 없습니다. 몸이 아프거나 너무 지친다면, 불안이 심해 견딜 수가 없다면, 반드시 병원을 찾아가세요. 그럴 때는 누구나 전문가의 도움이 필요합니다.

물론 그 과정에서도 명상은 당신의 건강 회복에 큰 도움을 줄 겁니다. 행복하고 건강한 삶으로 가는 당신의 길을 동행할 겁니다. 자, 그럼 시작해볼까요? 즐겁고 풍요로운 시간이 되기를 바랍니다.

❋ 중요한 일을 앞두고 명상할 때는 잔잔한 멜로디로 알람을 설정하세요. 그럼 명상을 부드럽게 마칠 수 있고, 일정에도 늦지 않을 거예요.

2

튼튼이!
하루를 온전히 나로 채우는 마법

아침에 일어나서

짧은 아침 명상으로 하루를 상쾌하고 힘차게 시작해봅시다. 아침 에너지가 종일 당신을 떠나지 않고 곁을 지켜줄 겁니다.

명상을 하면 정신이 맑아집니다. 오늘 하루를 어떤 사람으로, 어떻게 살 것인지 스스로 선택해보세요.

준비

잠자리에서 눈을 뜨자마자 누운 채로 시작해도 좋고, 아침 일과 중에 해도 좋습니다.

피곤하다면 똑바로 앉을 것을 권합니다. 안 그러면 도중에 깜빡 잠들 수도 있거든요.

눈을 감고 숨을 몇 번 깊게 쉽니다. 코로 깊게 들이쉬었다가 입으로 내뱉습니다. 들이마신 숨이 어디로 흘러가는지, 몸 안 어디에 있는지 느껴봅니다. 가령 코끝에서 느껴지는 가벼운 공기의 흐름이나 올라갔다 내려갔다 하는 배를 느껴봅니다.

의식적으로 몇 번 깊게 호흡한 후엔 다시 편안하게 호흡합니다. 코로 들어갔다 입으로 나오는 숨결에만 신경 쓰면서 서서히 명상의 채비를 갖춥니다.

명상

1. 오늘 하루를 그려봅시다. 명상 후 일과를 구체적으로 그립니다. 당신은 무엇을 하나요? 어디에 있나요? 각각의 장면이 떠오르거나 영화처럼 눈앞을 스치고 지나갑니다.

2. 어떤 사람이 되고 싶은지, 어떻게 살고 싶은지도 생각해봅니다. 좋은 날이 되려면 당신은 무엇을 해야 할까요? 사람들을 어떻게 대해야 할까요? 자기 자신에게는 어떻게 대할까요?

3. 당신에게 필요한 마음가짐을 찾아봅니다. 인내, 신뢰, 용기와 같은 마음가짐 중 어떤 태도가 필요한가요? 그 마음가짐을 언제라도 기억해 불러낼 수 있습니다.

4. 다시 한번 하루를 그려봅니다. 방금 떠올린 태도로 하루를 살아가는 자신을 상상합니다. 밤에 흡족한 마음으로

잠들려면 어떤 하루가 되어야 할까요? 밤에 느낄 그 흐뭇한 감정을 지금 미리 느껴봅니다.

5. 생각한 대로 일과를 보내면 얼마나 기분이 좋을지 그려봅니다. 그 기쁨을 미리 느껴봅니다. 새로운 하루가 당신을 기다리고 있습니다. 오늘을 어떻게 살지는 순전히 당신의 결정입니다.

마무리

깊게 호흡하며 피곤이 호흡과 함께 몸 밖으로 빠져나간다고 상상합니다. 숨을 들이쉴 때마다 앞으로 있을 일에 대한 기대감이 온몸으로 퍼져갑니다.

몸을 움직입니다. 손목을 살짝 돌리다가 크게 돌립니다. 기지개를 쭉 켜고 온몸을 스트레칭합니다. 자신에게 미소를 보내며 눈을 뜨고, 상상한 대로 하루를 시작합니다.

버스나 전철에서

명상은 집이 아니어도 할 수 있습니다. 출퇴근길에도 명상할 기회는 얼마든지 있으니까요.

버스를 탔건 전철을 탔건 상관없습니다. 당신이 직접 운전만 하지 않으면 괜찮습니다. 몇 분이라도 시간이 생기면 그 잠깐을 이용해 명상할 수 있습니다.

물론 대중교통에서 조용한 곳을 찾기란 불가능하죠. 그래서 이번 명상은 주변의 소음을 활용할 겁니다.

준비

우선 주변 환경을 알아차립니다. 당신은 앉아 있나요? 서 있나요? 버스를 탔나요, 전철을 탔나요? 지금 당신이 있는 곳을 느껴봅니다. 주변의 모든 자극을 받아들입니다.

앉아 있다면 좌석을, 서 있다면 바닥을 느껴보세요. 차가 가속하거나 속도를 줄일 때 생기는 진동을 느껴봅니다. 가만히 있는 당신을 대중교통이 어떻게 움직여, 어떻게 데려가는지 느껴봅니다.

명상

1. 눈을 감고 감각을 귀에 집중합니다. 무슨 소리가 들리나요? 시끌벅적한 소음? 안내 방송? 창이나 창문 틈으로 나지막한 바람 소리가 들리나요? 바퀴 굴러가는 소리, 다른 승객의 말소리가 들리나요? 모든 소리를 주의 깊게 알아차리고 분별없이 느낍니다.

2. 그대로 한동안 가만히 귀 기울입니다. 상황의 좋고 나쁨 등 분별하는 생각이 떠오르거든 그냥 알아차리고 흘러가게 두세요. 그리고 다시 온전히 청각에 집중합니다.

3. 이제 호흡에 집중합니다. 숨이 어떻게 들어왔다가 나가는지 관찰합니다. 주변의 소음을 계속 인식하면서도 온전히 자신에게 머뭅니다.

4. 호흡을 하며 주변 소리에 집중합니다. 들리는 소리를 호흡과 엮어봅니다. 가령 숨을 들이쉬면서는 안내 방송을

듣고, 숨을 내쉴 때는 근처에 있는 두 사람의 대화를 들습니다. 몸의 감각을 활용합니다.

마무리

몇 분만 하고 그만해도 좋지만 목적지에 도착할 때까지 계속하면 더 좋을 겁니다. 아, 물론 환승하거나 내릴 정류장을 까먹고 계속하면 안 되겠죠!

지루한 출퇴근길을 마음챙김 명상으로 알차게 채워보세요. 힘들기만 했던 시간이 즐겁고 보람찬 시간으로 바뀔 겁니다.

틈날 때마다

하루에도 몇 번씩 스트레스가 극에 달해 한계에 이를 때가 있습니다. 그래도 당장 밖으로 달려나가 혼자 시간을 가지며 에너지를 충전할 여건은 안 되지요.

너무 걱정하지 마세요. 에너지를 모두 소진했다 해도 몇 분이면 충전할 좋은 방법이 있으니까요. 얼른 긴장을 풀고 다시 일에 집중해야 할 때는 이 명상법을 활용해보세요.

준비

사무실에서 잠시 일손을 멈추고 명상할 수 있나요? 그게 어렵다면 점심시간을 이용해 조용한 장소를 찾아봅니다. 어디건 상관없으니 장소에 너무 구애받지 마세요.

몇 번 깊게 호흡합니다. 코로 깊게 숨을 들이쉬고, 입으로 숨이 하나도 남지 않을 때까지 천천히 내뱉습니다. 숨을 들이쉴 때는 평온이 들어오고 숨을 내쉴 땐 긴장이 빠져나갑니다.

호흡으로 몸의 긴장이 풀리기 시작하면 숨이 어디로 흘러가 몸속 어디에 있는지 알아차려보세요. 코를 스쳐 들어오는 숨과 호흡할 때마다 오르고 내리는 배를 느껴보세요.

한동안 의식적으로 깊게 숨을 들이쉬고 내쉬었다면 이제 다시 편안하게 숨을 쉽니다.

명상

1. 가능하다면 몇 분 동안 눈을 감습니다. 눈을 감으면 밖으로 향하던 의식을 안으로 돌리기가 더 수월합니다.

2. 얼굴과 얼굴의 작은 근육에 집중합니다. 아마 지금 잔뜩 긴장해 있을 것입니다. 눈 주위 근육부터 이마, 입, 코, 뺨, 턱, 귀 근육을 모두 느껴봅니다.

3. 긴장이 풀리는 따뜻한 느낌이 눈 주변으로 퍼져나갑니다. 당신의 눈은 아마 모니터 작업 탓에 잔뜩 스트레스를 받았을 겁니다. 눈꺼풀에 힘을 빼고 주변 근육도 편안하게 긴장을 풉니다.

4. 이마의 긴장도 풀어봅니다. 종일 경직됐을 작은 주름들을 쭉 펴보세요. 기분 좋을 정도로 따스한 물줄기가 이마로 떨어져 긴장을 다 씻어내는 상상을 해보세요.

5. 물줄기가 이마에서 코와 턱으로 내려옵니다. 힘을 빼고 턱을 툭 떨어뜨리세요. 굳은 근육이 풀리는 기분 좋은 느낌이 목을 지나 상체로 퍼져갑니다.

6. 상체로 흘러드는 물줄기를 느낍니다. 목으로, 어깨로 퍼져나가 어깨뼈까지 완전히 긴장이 풀립니다.

7. 마지막으로 물줄기가 서서히 팔을 따라 흘러 손가락 끝까지 퍼집니다. 온몸으로 번지는 기분 좋고 훈훈한 물줄기를 느낍니다. 정수리에서 발가락 끝까지 따듯하고 편안한 기분이 남습니다.

마무리

경직된 근육이 풀리는 이 느낌을 잠시 음미하세요. 따스한 물결이 밀려와 온몸의 긴장을 다 쓸어갔네요.

이제 다시 호흡에 집중합니다. 처음에 그랬듯 코로 숨을 몇 번 깊게 들이쉬고 입으로 숨이 다 빠져나갈 때까지 천천히 내뱉습니다.

엉덩이에 닿은 의자의 느낌을 다시 또렷이 느낍니다. 당신이 있는 공간으로 되돌아옵니다.

몸을 살짝 움직여 남은 긴장을 다 털어냅니다. 긴장의 찌꺼기까지 다 털어냈다면 이제 눈을 뜹니다.

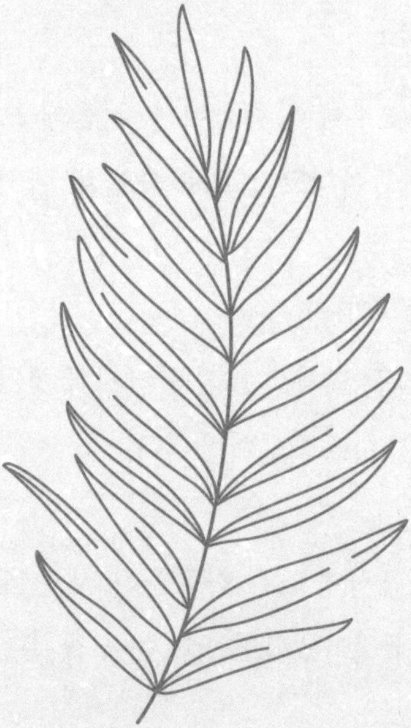

피곤할 때

잠을 많이 잔 것 같은데도 피곤할 때가 있죠. 너무 피곤해 좀처럼 기운을 차릴 수가 없습니다. 그럴 때 피로를 털어 내고 정신을 차리는 좋은 명상법이 있습니다.

준비

명상하기 좋은 장소를 찾습니다. 잠시 혼자 편안하게 있을 수 있는 장소면 좋겠지요. 가능하다면 의자에 허리를 쭉 펴고 바르게 앉아 양발을 바닥에 붙입니다.

호흡에 집중합니다. 몇 번 깊게 코로 숨을 들이쉬고 입으로 내쉰 후 편안하게 호흡합니다.

이제 눈을 감습니다. 코로 들어가는 숨과 호흡할 때마다 오르락내리락하는 배를 느껴보세요. 저절로 들어갔다 나오는 숨을 잠시 가만히 관찰합니다.

명상

1. 발에 감각을 집중합니다. 바닥에 닿는 발바닥 부위를 느낍니다. 최대한 집중해 느껴봅니다.

2. 발에서 서서히 굳센 뿌리가 자라납니다. 이 뿌리가 바닥을 뚫고 들어간다고 상상해보세요.

3. 뿌리가 깊이, 더 깊이 땅으로 밀고 들어갑니다. 1센티미터씩 자랄 때마다 당신은 더 탄탄하고 믿음직스러운 사람이 됩니다. 땅에 깊이 뿌리내린 자신을 느껴봅니다.

4. 당신의 뿌리는 깊숙하게 자라 지구의 핵까지 밀고 들어갑니다. 타오르는 지구 핵의 에너지를 느껴보세요.
에너지가 뿌리를 타고 당신에게로 올라옵니다. 발로, 다리로 올라와 온몸으로 퍼지기 시작합니다. 당신의 몸을 순환해 몸 구석구석으로 밀려듭니다. 발가락 끝에서 정수리까지, 손가락 끝까지 옮겨 옵니다.

5. 에너지가 몸을 순환하는 동안 당신도 몸을 움직여보세요. 에너지가 출렁이는 게 느껴지나요? 몸의 세포 하나하나, 분자 하나하나까지 생기로 가득합니다.

6. 에너지가 가득한 이 상태에 원하는 만큼 머물러보세요. 넘치는 풍요로움을 음미하세요. 당신은 이제 하고 싶은 일, 해야 할 일을 다 처리할 수 있습니다. 당신 몸은 힘이 넘치고 얼마든지 필요한 에너지를 꺼내 쓸 수 있습니다.

마무리

명상하며 느낀 그 기분 좋은 에너지에 잠시 더 머물러봅니다. 이제 언제라도 그 에너지를 가져와 쓸 수 있습니다.

다시 호흡에 집중합니다. 호흡할 때마다 정신이 맑아지고 살아납니다. 상쾌한 기분으로 지금 여기로 돌아옵니다.

깍지를 끼고 쭉 기지개를 켭니다. 명상으로 얻은 에너지를 음미합니다.

걸으면서

제목이 알려주듯 이번 명상은 이름처럼 앉거나 누워서 하지 않고 걸으면서 하는 명상입니다. 버스 정류장에서 집까지 걸어갈 때, 또는 공원을 산책할 때도 자신에게 마음챙김을 선물할 수 있지요.

이 명상의 핵심은 자신의 신체와 주변 환경을 주의 깊게 알아차리는 일입니다.

준비

마음이 편안해지는 장소를 찾습니다. 초보자라면 특히 조용한 환경이 필요합니다. 숲이나 차가 다니지 않는 길이 좋겠지요.

발을 떼기 전에 먼저 잠시 땅에 닿은 자신의 발을 느껴봅니다. 신고 있는 신발, 그 신발이 바닥에 닿은 부분을 말입니다.

호흡에 집중하며 온전히 이 순간에 몰입합니다. 코로 깊게 숨을 들이쉬고 입으로 내쉽니다. 걷기 명상을 준비합니다.

명상

1. 아주 천천히 주의 깊게 의식적으로 걷습니다. 걸음을 뗄 때마다 오르고 내리는 발을 관찰합니다. 제일 먼저 땅에 닿는 부분이 어디인지, 제일 나중에 닿는 부분은 어디인지 세심하게 느껴봅니다. 지금 땅에 닿는 발바닥의 부위가 어디인지도 느낍니다.

2. 몸 전체의 움직임을 살펴봅니다. 걸음을 옮길 때는 몸의 어디가 움직이나요? 다리, 무릎, 엉덩이, 복사뼈와 발가락의 작은 관절까지 느껴보세요. 당신을 지탱하기 위해 이 많은 신체 부위가 얼마나 멋지게 협력하는지 아주 세심하게 인식해봅니다.

3. 이번에는 발에만 집중하면서 몇 걸음 걸어봅니다. 발이 당신을 어떻게 지탱하는지, 어떻게 이곳에서 저곳으로 데려가는지 가만히 관찰합니다.
당신이 밟고 가는 땅을 관찰합니다. 땅의 성질을 느껴봅니다. 딱딱한가요, 부드러운가요? 평평한가요, 울퉁불퉁한가요? 발이 닿은 땅을 주의 깊게 알아차립니다.

4. 땅에서 눈을 들어 주변을 바라보세요. 천천히 고개를 듭니다. 무엇이 보이나요? 세상을 처음 발견한 사람처럼 모든 것을 새롭게 살펴보세요. 거리, 나무, 집, 하늘과 날씨, 태양과 바람도 마치 처음 보고 느끼는 것처럼 신기하게 바라봅니다.
당신은 이렇게 아름답고 활기찬 세상을 걷고 있습니다. 이 모든 느낌을 마음으로 받아들이고 음미합니다.

마무리

다시 걷기 시작하세요. 천천히 가던 길을 계속 갑니다. 잠시 더 호흡에 집중해도 좋습니다. 당신의 발은 알아서 제 할 일을 할 겁니다.

이 마음챙김 명상은 몇 분만 해도 충분합니다. 물론 걸어가는 내내 반복하면 더 좋겠지요. 가령 걸어가다 정말로 조용하고 아름다운 곳이 나타나 그 길을 주의 깊게 즐기고 싶다면, 다시 이 걷기 명상을 하는 겁니다.

❋ 혹시 맨발로 걸을 수 있는 상황인가요? 맨발로 걸으면 자연과 땅의 성질을 더 잘 알아차릴 수 있답니다.

따뜻한 물에 몸을 담그며

일상생활에 활용할 수 있는 명상법은 참 많습니다. 지금 소개할 목욕 명상도 그중 하나죠.

목욕 중에 명상을 곁들인다면 더욱 마음이 편안해지면서 온전히 지금 이 순간에 잠길 수 있습니다. 목욕의 긴장 완화 효과를 강화해 마음의 안정과 몸의 활력을 얻을 수 있습니다. 이 명상은 밤에 하면 더 좋습니다. 수면 촉진 효과도 있거든요.

준비

욕실을 편안한 분위기로 만듭니다. 불빛의 밝기를 낮추거나 양초를 켜고 편안한 음악을 틀어 조용한 환경을 조성합니다. 특별히 입욕제를 넣어도 좋습니다. 라벤더나 홉 아로마 입욕제는 긴장 완화와 심신 안정 효과가 있습니다.

이런 멋진 분위기에 물에 들어가면 그것만으로 이미 명상 준비는 끝이 납니다. 물이 찰박이는 소리, 아늑한 불빛, 식물의 향기가 저절로 명상 분위기를 만들 테니까요.

물의 온도가 적당한지 살피고, 준비가 완료되었거든 욕조에 몸을 기댑니다. 아! 너무 좋지요?

수건을 돌돌 말아 목 뒤에 대고 그대로 목을 젖혀 몸을 따뜻한 물에 푹 담그면 더 긴장이 확 풀릴 겁니다.

명상

1. 이제 호흡에 집중합니다. 숨을 깊게 들이쉴 때 숨을 따라 고요와 평화가 몸으로 스며듭니다. 숨을 뱉을 때는 긴장과 스트레스가 빠져나갑니다. 고요를 들이키고 긴장을 내뱉습니다. 따뜻한 물의 온도와 아늑한 욕실 분위기가 효과를 북돋습니다.
   무중력 상태처럼 물에 둥둥 뜬 당신의 몸을 느껴보세요. 물이 포근하게 당신을 떠받쳐줘서 몸이 욕조 바닥에 거의 닿지 않을 겁니다.

2. 이 순간의 느낌을 즐겨보세요. 당신을 감싸는 은은한 빛과 향기, 음악이나 고요, 피부에 와 닿는 물의 느낌과 온도를 음미하세요. 오감을 동원해 목욕을 즐기세요.

3. 손과 발을 살짝 움직이세요. 거의 보이지 않을 만큼 작은 물결이 생겨날 겁니다. 주의 깊게 관찰해보세요.

4. 손과 발을 물 밖으로 들어 올립니다. 거품이 일어나나요? 물에서 거품으로 움직일 때 어떤 느낌이 드나요? 온도 차이가 있나요? 손가락과 발가락이 거품을 통과하면 무엇이 느껴지나요? 물에 뜬 거품이 어떻게 흔들리고 피부에 닿은 거품은 어떤 모양으로 푸시시 사라지나요? 물에 뜬 거품의 춤을 가만히 바라봅니다.

5. 긴장이 풀렸다면 이제 당신은 큰 바다에서 헤엄을 친다고 상상합니다. 물의 온도는 기분 좋을 만큼 따스하고 드넓은 바다에 당신 혼자 있습니다. 안전한 곳이라 위험한 일도 없습니다. 끝없는 물과 출렁이는 파도가 마음을 안정시키고 긴장을 풀어줍니다.

6. 당신이 만든 이 멋진 순간을 한껏 즐겨보세요. 가볍고 경쾌한 순간입니다. 잊지 마세요. 언제라도 마음만 먹으면 이런 순간을 만들 수 있습니다.

마무리

이제 다시 호흡에 집중합니다. 코로 깊게 들이쉬고 입으로 내뱉습니다. 마지막 남은 긴장과 스트레스를 호흡에 실어 몸 밖으로 다 내보냅니다.

당신이 앉아 있는 욕조의 바닥을 느껴보세요. 몸과 욕조의 경계를 알아차립니다. 욕조에 앉은 당신도 알아차립니다. 그리고 분위기 좋은 이 멋진 순간을 한번 더 즐겨봅니다. 소리와 향기, 빛과 물, 모든 것을 알아차리고 다시 이 느낌과 인상으로 당신을 채웁니다.

당신에게 미소를 건넵니다. 당신은 언제라도 이런 분위기에 젖을 수 있습니다.

하루를 마무리하며

사건 사고가 많은 하루를 보낸 날에는 마음도 어수선합니다. 어지러운 마음을 추스르고 하루를 마무리하려면 오늘 있었던 일들을 떠나보내야 합니다.

지금 소개하는 이 명상이 오늘 하루를 갈무리하고 편안한 밤을 맞이하도록 도와줄 겁니다.

준비

조명을 어둡게 하고 밤을 맞이할 채비를 합니다. 좋아하는 잔잔한 음악을 틀어도 좋습니다. 따뜻한 차 한잔은 어떨까요? 무엇이 편안한 밤을 선사할지 생각해봅니다.

이 명상은 소파나 침대에 앉아서 하면 좋습니다. 잠들 수도 있으니 앉아서 하기를 권합니다. 하루가 무척 고단했다면 더욱 앉아서 하는 게 좋겠죠.

긴장을 풀고 호흡에 집중하세요. 숨이 어디로 흘러가서 어디로 나오는지 느껴봅니다. 온전히 이 순간에 머무릅니다. 상상이 필요한 명상이므로 눈을 감는 게 좋습니다. 가만히 눈을 감아보세요.

명상

1. 오늘 하루를 그려봅니다. 아침에 눈을 뜬 순간부터 지금까지 하루 동안 있었던 일들을 모두 돌이켜봅니다. 무슨 일이 있었나요?

2. 어떤 기분이었는지도 떠올립니다. 좋은 날이었나요? 내일은 더 나은 하루를 맞이하고 싶은가요? 내일은 오늘과 다르면 좋을까요? 오늘이 어땠건 상관없습니다. 오늘은 이제 저물어가고 있으니까요.

3. 오늘을 받아들이고 마무리하기 위해 하루 동안 어떤 감사한 일이 있었는지 생각해봅니다. 멋진 사람을 만났나요? 재미난 대화를 나눴나요? 당신이 누군가에게 미소를 지어줬나요? 아니면 다른 누구 덕분에 당신 얼굴에 미소가 피어올랐나요? 특별한 순간들을 찾아 감사 인사를 전합니다.

4. 이제 그 모든 순간을 마음으로 떠나보냅니다. 상자에 집어넣거나 마음의 일기장에 기록한다고 상상해보세요. 이제는 필요 없는 순간들입니다. 내일부터는 또 새로운 날이 시작될 테니까요. 내일은 오늘과 아무 상관없는 날입니다.

5. 상상의 상자와 일기장을 닫습니다. 그 속에 간직한 모든 경험과 생각에 감사 인사를 전합니다. 그리고 이제 새로운 것들에게 자리를 내줘야 합니다.

6. 상상의 상자를 마음속 아름다운 장소에 보관합니다. 추억의 박물관 같은 곳이면 좋을 겁니다.

7. 모두 차곡차곡 보관했다면 아무것도 없는 새 상자나 일기장을 꺼냅니다. 내일 당신은 이 상자에 새로운 추억과 경험, 감정을 채워 넣을 겁니다. 어떤 것들일까요? 당연히 기대해도 좋습니다.

마무리

지금 앉아 있는 장소로 돌아와 자신을 알아차립니다. 새로운 날이 당신을 기다린다는 기대를 품고 천천히 명상을 마무리합니다.

몇 번 깊게 숨을 들이쉬고 내쉽니다. 지나간 하루의 찌꺼기가 남아 있다면 호흡에 실어 다 내보내세요. 코로 나오는 숨결과 그 숨결에 실려 떠나가는 스트레스를 느껴봅니다.

몸을 부드럽게 움직이며 눈을 뜹니다.

잠자리를 준비하면서

명상은 삶의 많은 지점에서 당신을 도와줄 수 있습니다. 특히 긴장과 스트레스 해소에 큰 도움이 됩니다. 그래서 명상을 하다 그만 깜빡 잠드는 일도 있습니다. 피곤하거나 졸릴 때, 혹은 누운 자세에서는 더욱더요.

이번 명상에서는 그 점을 이용할 겁니다. 이 명상법은 기가 막힌 수면제거든요.

준비

잠자리에 들기 전 20분 정도 시간을 냅니다. 편한 잠옷으로 갈아입고 휴대전화나 노트북은 끕니다. 명상을 시작하기 전에 차를 한잔 마시거나 책을 몇 쪽 읽어도 좋습니다.

이 수면 명상은 잠자리에 누워서 합니다. 침실 분위기를 잠자기 좋게 정돈하고 자리에 누워 제일 편한 자세를 취합니다.

명상

1. 눈을 감습니다. 부드럽게 몸을 감싸는 이불의 촉감과 푹신한 매트리스의 질감을 느껴봅니다.

2. 호흡에 집중합니다. 숨을 깊게 들이쉬고 천천히 내뱉습니다. 숨이 들어오고 나가는 곳이 어디인지 느껴보세요. 숨은 고르게 쉬고, 들이쉰 숨은 남김없이 다 내뱉습니다.

3. 숨을 들이쉬고 내쉬면서 숫자를 셉니다. 들이쉴 때 숫자를 생각하고, 내쉴 때는 "마음이 편안하다"라고 생각합니다. 들이쉬며 "1", 내쉬며 "마음이 편안하다", 들이쉬며 "2", 내쉬며 "마음이 편안하다", 들이쉬며 "3", 내쉬며 "마음이 편안하다"……. 이렇게 10까지 셉니다.

4. 10까지 세면 다시 1로 돌아옵니다. 그럼 숫자를 생각하느라 골머리를 앓지 않아도 되고 특정 숫자에 이르기

전까지 잠들어야 한다는 부담감을 느끼지 않을 수 있습니다. 10까지 셀 때마다 긴장을 풀고 편안한 잠자리를 느껴봅니다.

5. 잡생각이 나거든 생각을 작고 가벼운 구름으로 정성껏 감싸 부드럽게 훅 불어 날려 보냅니다. 잡념이 점점 작아지다가 결국 사라지는 모습을 지켜봅니다. 그 생각은 내일 다시 떠올려도 괜찮습니다.

6. 다시 숫자를 셉니다. 1부터 시작합니다. 잠깐 다른 생각을 하느라 숫자를 잊어버렸어도 걱정하지 마세요. 처음부터 다시 시작하면 되니까요. 들이쉬며 "1", 내쉬며 "마음이 편안하다", 들이쉬며 "2", 내쉬며 "마음이 편안하다", 들이쉬며 "3", 내쉬며 "마음이 편안하다"…….

마무리

긴장이 풀리고 꿈의 나라로 들어갈 때까지 계속 숫자를 셉니다. 굿나잇!

❋ '마음이 편안하다' 대신 다른 말을 써도 좋습니다. '잠이 온다'나 '긴장이 풀린다'도 좋아요. 무엇이든 한 가지 주문을 차분히, 사랑을 담아 반복하면 됩니다.

2부

이럴 때 이런 명상,
순간마다
나를 믿는 힘

①

기분이 좋아지고 싶을 때

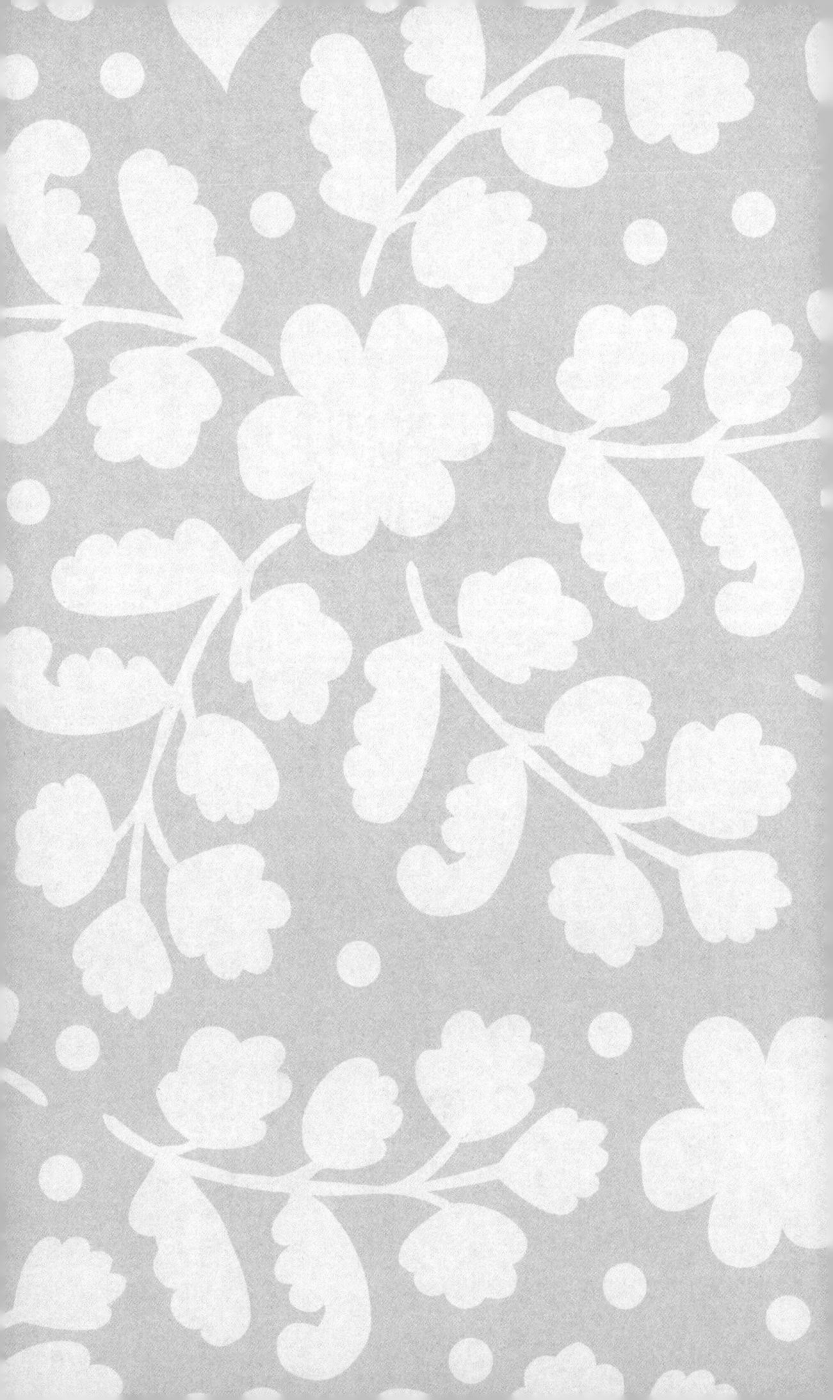

참 좋았던 순간이 언제였나요?

행복했던 일, 기뻤던 순간을 자각하며 사나요? 사실 우리는 마음에 안 드는 일, 잘못했거나 실패한 일에 더 많이 초점을 맞춥니다. 당연히 불만이 생기겠지요.

이 명상은 당신의 초점을 즐겁고 행복한 상태로 돌려 더 만족스러운 삶이 되도록 도와줄 겁니다.

준비

마음을 차분히 가라앉히고 그대로 자신에게 머뭅니다. 눈을 감습니다.

몇 번 깊게 호흡합니다. 숨을 깊게 들이쉬고 고르게 내쉬세요. 긴장이 풀리고 온전히 이 순간에 머물 수 있습니다.

이제 편안히 숨을 쉽니다. 숨이 몸속 어디로 흘러가는지 느껴봅니다. 코끝으로 들어가는 숨과 배를 타고 오르내리는 숨을 느껴봅니다. 감각을 호흡에 집중합니다.

명상

1. 지난 일주일을 떠올려봅니다. 참 좋았던 순간이 있었나요? 해가 따뜻한 날 산책을 했나요? 사랑하는 사람과 즐겁게 이야기를 나누었나요? 어떤 장면이 떠오르는지 가만히 지켜봅니다. 긍정적 경험에 초점을 맞춥니다.

2. 즐거웠던 일을 떠올리며 커지는 만족감을 느낍니다. 당신 마음에 만족의 나무가 자란다고 상상해봅시다. 연약하던 작은 묘목이 거대한 나무로 자라납니다.

3. 작년 한 해 하이라이트를 꼽아보라면 무엇일까요? 어떤 멋진 경험을 했나요? 당신 삶을 풍성하게 채워준 일을 떠올려봅니다. 그 일은 어떤 만남이나 경험, 혹은 특별한 사건일 수도 있습니다. 무슨 일이 특별히 기억에 남았을까요?
만족의 나무는 계속 자라납니다. 하늘 높이 훌쩍 자라 튼튼한 가지와 울창한 푸른 잎을 잔뜩 매달고 있네요.

4. 당신이 이룬 크고 작은 성취를 떠올려봅니다. 무슨 일을 이루었나요? 직장에서 큰일을 맡아 성공했을 수도, 개인적으로 크게 성장했을 수도 있습니다.
만족의 나무는 더 튼실해지고, 우거진 가지에 꽃이 활짝 피었습니다. 이것이 당신의 인생 나무입니다.

5. 당신의 삶이 지금 이대로도 얼마나 충분한지, 지난 시간 당신이 얼마나 많은 것을 이뤘는지 알아차립니다.
솟구쳐오르는 만족과 감사의 마음을 느낍니다. 당신의 멋진 인생 나무를 상상하며 잠시 만족감에 젖습니다. 기분이 참 좋습니다.

6. 당신은 어떤 일을 할 때 만족스럽나요? 앞으로 더 행복하고 보람찬 인생을 살기 위해 무엇을 하고 싶은가요? 가만히 생각해보세요.

마무리

현재 기분이 어떤지, 무엇이 변했는지 느껴봅니다. 인생의 긍정적인 면을 바라보고 집중했을 때 몸과 마음에 어떤 변화가 생겼나요?

몇 번 깊게 호흡하며 명상을 마무리할 채비를 합니다. 코로 숨을 들이쉬고 입으로 천천히 내쉬세요.

다시 현실로 돌아옵니다. 몸을 부드럽게 움직이고 미소를 지은 후 눈을 뜹니다.

※ 지금 당장, 이 명상을 마치자마자 어떤 일을 할 수 있을까요? 친구랑 약속을 잡아 소풍 가도 좋습니다. 오랫동안 꿈꾸던 여행을 떠나보는 건 어떨까요?

담대하고 고요한 산이 되어

아무리 힘들고 고단해도 담담할 수 있다면 얼마나 좋을까요? 매사에 담담하면 자신은 물론 주변 사람들에게도 참 좋습니다. 괜히 짜증을 부리거나 화를 내서 다른 사람들을 힘들게 하지 않을 테니까요.

이 명상은 어떤 상황에서도 담담하게 이야기할 수 있는 여유를 선사할 것입니다. 당신은 산에 올라 그곳의 바위가 될 겁니다. 상상의 힘을 빌려 마음의 평화와 여유를 얻을 겁니다.

준비

이 명상은 똑바로 앉은 자세를 권합니다. 가부좌가 좋겠지만 의자에 앉아서 해도 괜찮습니다. 등을 곧추세우고 반듯하게 앉으세요.

눈을 감습니다. 이제부터는 내면에 이미지를 그리며 상상을 해볼 겁니다. 상상하려면 눈을 감는 게 제일 좋겠지요.

호흡에 집중합니다. 숨이 어떻게 몸으로 들어가 어떻게 그 안을 지나가는지, 어떻게 다시 몸 밖으로 나오는지 정확히 따라갑니다. 이렇게 하면 온전히 지금 이 순간에 몰입할 수 있습니다.

명상

1. 큰 산을 상상합니다. 실제로 가본 산이어도 좋고, 사진으로 보기만 한 산이어도 좋습니다. 상상으로 만들어낸 산도 괜찮습니다.

2. 눈앞에 우뚝 선 큰 산을 바라보세요. 넓게 펼쳐진 산자락이 땅을 휘감고 우람하게 서 있습니다.

3. 이제 당신은 이 산이 됩니다. 하체는 단단한 산자락입니다. 땅과 하나가 되어 흔들림이 없습니다.
   당신의 상체는 산비탈과 산허리입니다. 정상을 향해 솟구쳐 오르는 산허리가 되어 척추를 더 똑바르게 세워봅니다. 당신의 머리는 산 정상입니다. 아래를 굽어보며 하늘을 향해 쭉쭉 뻗어나갑니다.

4. 산이 되어 맞이한 하루를 상상해봅니다. 해가 뜨고 사람들은 당신을 만나러 올라옵니다.

당신을 좋아하는 사람도 있지만 불만이 있는 사람도 있습니다. 다른 산에 가야 했다며 후회하는 사람도 있겠지요. 하지만 산이 된 당신은 흔들리지 않는 강인한 마음으로 모든 일을 담담하게 지켜봅니다. 하루, 또 하루가 가도 평온합니다.

5. 당신은 좋은 날씨는 물론 궂은 날씨도 견뎌냅니다. 인간 감정의 온갖 폭풍이 몰아쳐도 아무렇지 않습니다. 당신은 강인해서 흔들리지 않습니다. 큰 산이 되어 세상 모든 일을 차분히 지켜봅니다. 어떤 고난에도 끄떡없을 겁니다.

6. 몇 번 깊게 호흡하면서 산의 성정을 더 많이 받아들입니다. 이제 당신은 어떤 일에도 흔들리지 않습니다. 마음이 평화롭고 고요합니다. 당신은 산입니다.

마무리

산이 된 채로 몇 번 더 호흡합니다. 숨을 들이쉬고 내쉽니다. 담담한 산의 성정을 충분히 당신의 것으로 만들 때까지 계속해서 호흡에 집중합니다.

엉덩이에 닿은 방석을 느끼며 지금 이곳으로 돌아옵니다. 손발을 가볍게 움직여봅니다. 손발을 더 힘껏 움직입니다. 깍지를 끼고 기지개를 폅니다.

미소를 지으며 명상을 위해 시간을 낸 자신에게 감사합니다. 이제 눈을 뜹니다.

❋ 일상에서 마음이 흔들릴 때는 언제라도 '산이 되는 명상'을 해보세요. 잠깐 눈을 감고 깊게 호흡하며 산으로 우뚝 선 자신을 상상하세요. 아마 금방 마음이 안정될 겁니다.

싱싱한 오렌지 향기를 떠올리세요

기분은 전염이 되지요. 기분 좋은 사람 옆에 있으면 저절로 기분이 좋아집니다. 당신도 즐거운 에너지를 뿜어내며 세상을 신나고 아름다운 곳으로 만드는 사람이 될 수 있습니다.

이 명상은 오렌지에 집중합니다. 오렌지를 가만히 들여다보고 껍질의 향긋한 냄새를 맡으면서 나쁜 생각을 날려 보낼 겁니다. 기계를 초기화하듯 당신의 기분을 확 바꿀 수 있습니다.

준비

이 명상은 아침 명상으로 훌륭합니다. 좋은 기분으로 하루를 시작하도록 도와줄 수 있으니까요.

물론 낮에 해도 좋습니다. 하루를 보내다가 기분이 나빠질 때면 언제든지 이 명상으로 즐거운 기분을 돋울 수 있습니다.

냄새 좋고 잘 익은 오렌지를 준비하세요. 껍질이 아주 중요하기 때문에 유기농이면 더 좋습니다. 향기가 진하고 잘 숙성된 것으로 고릅니다. 작은 칼도 하나 준비하세요.

의자에 허리를 쭉 펴고 편안하게 앉습니다. 식탁 앞에 앉는 것이 제일 좋습니다.

명상

1. 식탁에 놓은 오렌지에 집중합니다. 양손으로 오렌지를 집어 듭니다. 껍질을 만져보고 냄새도 맡아봅니다.

2. 오렌지를 칼로 잘라 흘러나오는 과즙을 가만히 지켜봅니다. 자르니 향기가 더 진하네요. 더욱 짙어진 향기도 맡아봅니다.

3. 오렌지 한 조각을 잘라 베어 뭅니다. 혀에 닿는 달고 신 과즙에 온전히 집중합니다.

4. 과즙과 함께 밝고 상쾌한 기분이 온 입으로 퍼집니다. 입꼬리가 올라가고 얼굴에 환한 미소가 피어오릅니다.

5. 과즙을 꿀꺽 삼킵니다. 밝고 상쾌한 기분도 함께 삼킵니다. 과즙이 목을 따라 내려가 배 안 가득 퍼집니다.

6. 오렌지를 먹고 싶은 만큼 실컷 먹으세요. 냄새도 맡고 맛도 음미합니다. 맛있게 먹으니 미소가 피어납니다. 온몸이 즐거운 기분으로 가득 찼다 느껴질 때까지 오렌지를 마음껏 드세요. 어떤 일이 닥쳐도 이 상쾌한 기분을 망칠 수 없습니다.

— 마무리 —

눈을 감고 오렌지 향을 들이쉬며 좋은 기분에 흠뻑 젖어봅시다. 이 기분을 간직한 채 하루를 상쾌하게 시작합니다. 힘든 일이 닥치거든 이 오렌지 향기를 떠올리세요.

※ 향기가 진한 잘 익은 레몬이나 평소 좋아하는 다른 과일을 이용해도 좋습니다. 서로 다른 과일이 각각 어떤 감정을 불러일으킬까요? 과일이 없다면 상상을 해도 좋습니다. 과일이 눈앞에 있다고 상상하고 앞서 설명한 명상의 각 단계를 차근차근 따라가보세요.

난, 내가 좋다, 라고 말해보기

살다 보면 자신이 못마땅할 때가 많습니다. 남들에 비해 키가 작아서, 뚱뚱해서, 돈이 없어서 자신이 싫어집니다.

자신을 사랑할 수 없다 해도 너무 걱정하지 마세요. 자신이 싫어질 때 이 명상을 하면 다시 나를 긍정적으로, 사랑스러운 눈빛으로 바라볼 수 있습니다. 자신을 있는 그대로 받아들일 수 있습니다.

준비

마음이 편안해지고 조용히 집중할 수 있는 장소를 찾아보세요.

이 명상은 거울이 필요합니다. 작은 손거울을 준비하거나 큰 거울 앞에 앉아보세요.

온전히 자신에게 집중합니다. 자신에게 조금 더 가까이 다가가자고 마음먹습니다.

호흡에 집중합니다. 호흡하면서 상상하세요. 숨을 들이쉴 때마다 고요와 평화가 들어오고, 숨을 내쉴 때마다 긴장과 스트레스가 빠져나갑니다.

명상

1. 이 명상에선 눈을 감지 않습니다. 눈을 뜨고 거울 속 자신을 바라봅니다. 거울 속 당신을 마주보고, 관찰해보세요.

2. 다른 사람의 눈으로 바라보세요. 당신을 난생처음 만났다고 상상합시다. 당신 앞에 앉은 그이는 어떻게 생겼나요? 분별하지 말고 눈에 보이는 것만 알아차립니다.

3. 거울에 비친 것은 당신 얼굴만이 아닙니다. 당신의 재능과 지금까지 경험들도 환히 보인다고 상상합니다.
마음에 안 드는 부분도 판단하지 말고 지켜보세요. 가진 모든 것을 하나씩 비추고 모든 것을 바라봅니다. 있는 그대로 당신을 지켜봅니다.

4. 당신과 모습과 특성을 선의와 호감, 사랑의 눈으로 바라봅니다. 당신은 그저 당신입니다. 당신의 모든 것, 당신

을 구성하는 모든 것이 지금 이대로 충분합니다. 지금 이대로 충분히 좋은 사람입니다.

5. 거울에 비친 당신에게 말해보세요. 어떤 점을 칭찬하고 싶은가요? 이 순간을 위해 이렇게 시간을 내준 것을 칭찬하고 싶나요? 친구가 고민을 털어놓을 때 귀 기울여 들어준 일을 칭찬하고 싶은가요? 아니면 외모 중에 특히 마음에 드는 곳이 있나요? 눈이나 미소가 그런가요?

6. 이렇게 말해보세요. "난 네가 …… 해서 좋아." "난 너의 …… 점이 멋져." 칭찬하고 싶은 모든 것을 자신에게 말해주세요.

마무리

눈을 감고 미소를 지어봅니다.

당신이 당신이어서 얼마나 고마운지 모릅니다. 감사한 마음을 느껴보세요. 당신은 완벽하지 않습니다. 완벽할 필요도 없습니다. 하지만 멋지고 사랑스러운 특징이 너무나 많아 칭찬받고 존중받아 마땅한 사람입니다.

잠시 다시 호흡에 집중합니다. 숨을 들이쉬고 내쉬면서 천천히 명상을 끝낼 채비를 합니다.

깍지를 끼고 기지개를 쭉 폅니다. 이제 눈을 뜨세요.

※ 혹시 거울을 보기 싫거나 거울이 없으신가요? 자신을 마주한다고 상상하고 위에서 설명한 순서대로 차근차근 명상을 따라해보아도 괜찮습니다.

2

삶이 힘들고 고단할 때

걱정거리를 털어낼 시간

인생은 뜻대로 되지 않습니다. 살다 보면 크고 작은 문제가 늘 따라다니지요.

걱정이 머리를 떠나지 않으면 마음이 괴롭고 몸도 힘듭니다. 머리를 싸매고 고민해봐도 쉽게 해답이 떠오르지 않는다면 이 명상을 해보세요. 고민이 사라지고 미래가 보일 겁니다.

준비

명상하기 좋은 장소를 찾습니다. 조용하고 편안하며 몇 분간 아무도 방해하지 않을 장소를 찾아봅시다. 이번 명상은 누운 자세로 해도 좋고 앉은 자세로 해도 괜찮습니다. 더 편안한 쪽으로 선택하세요.

눈을 감습니다. 눈을 감으면 마음이 편해지고 또 상상하기에도 좋습니다.

호흡에 집중합니다. 몸을 타고 들어가는 숨결과 몸 밖으로 나오는 숨결을 느껴보세요. 호흡을 통해 지금 이 순간에 머물며 명상을 준비합니다.

명상

1. 지금 당신을 힘들게 하는 걱정거리에 집중합니다. 무슨 생각이 들어도, 무슨 감정이 솟구쳐도 괜찮습니다.
아마 걱정되는 상황이나 사람들이 생각날 겁니다. 이 순간은 걱정이 생겨도 그대로 두십시오. 그 걱정거리로 인해 생긴 감정을 알아차립니다. 당신은 지금 불안한가요? 화가 나나요?

2. 당신의 걱정은 앞으로 일어날 수도 있는 어떤 일 때문일 겁니다. 하지만 설사 그 일이 진짜로 일어난다 해도 결과는 당신의 예상만큼 나쁘지 않을 확률이 높습니다. 그렇지 않나요?
물론 당신의 걱정을 무시하라는 말은 아닙니다. 다만 미래의 일을 두고 지금 골머리를 앓는다고 해서 무슨 소용이 있는지 생각해보자는 겁니다. 걱정대로 그 일이 일어날 수도 있지만, 일어나지 않을 수도 있으니까요.

3. 걱정을 붙들고 있으면 무슨 소득이 있을지 한번 자신에게 물어보세요. 더 고민할 이유가 있을까요? 잠시 이 질문을 되새겨봅니다.
고민해봤자 소득은커녕 머리만 아프다면 과감하게 고민을 끝내자고 결심하세요. 걱정이 있어도 괜찮았지만, 이제는 털어버릴 시간이 왔다고 자신에게 말하세요. 지금껏 충분히 고민했습니다.

4. 자, 이제 걱정을 털어낼 시간입니다. 잔잔한 강물을 상상하세요. 강가에 작은 배가 한 척 떠 있습니다. 당신의 걱정이 타고 갈 배입니다.
떠나보낼 준비가 되었다면 배에 걱정을 태웁니다. 작별인사를 하고 배를 툭 밀어 보내세요. 걱정이 천천히 강물에 타고 흘러가며 점점 더 작아집니다.

5. 마음이 가벼워집니다. 배가 멀어지며 점점 작아지다가 완전히 시야에서 사라집니다.

마무리

걱정이 있던 자리를 유쾌한 마음으로 채워보세요. 희망이나 사랑, 감사와 같은 것들로 말입니다. 이런 시간을 마련한 자신에게 감사해보세요.

몇 번 깊게 호흡하며 명상을 마칠 준비를 합니다.

깔고 앉은 방석이나 누운 자리를 느끼며 지금 있는 공간으로 돌아옵니다. 손가락과 발가락을 살짝 까닥이다가 기지개를 쭉 켭니다. 미소를 지으며 눈을 뜹니다.

스트레스로 정신을 못 차리겠다면

요즘 세상에는 스트레스를 받을 일이 참 많습니다. 감당하지 못할 일에 쫓기거나 병이 생겼을 때, 인간관계가 삐걱거리고 다툼이 생겼을 때, 그럴 때면 마음이 불편해지고 화가 나기도 합니다.

이런 스트레스 상황에서 할 수 있는 명상이 있습니다. 긴급한 상황에 대처하는 명상이므로 'SOS 명상'이라 불러도 좋겠습니다. 몇 분만 해도 효과가 있지만 바쁘고 급하지 않다면 긴장이 다 풀릴 때까지 오래 명상해보세요.

준비

명상하기 좋은 장소를 찾습니다. 아무도 방해하지 않는 조용한 곳이면 좋겠습니다.

명상 자세를 취하고 눈을 감습니다. 누워도 좋고 앉아도 좋습니다. 어느 쪽이건 편한 자세를 골라보세요. 자세가 편해야 명상을 오래 할 수 있으니까요.

호흡에 집중합니다. 코로 숨을 깊게 들이쉬고 입으로 내뱉습니다. 호흡에 집중하면 마음이 금방 가라앉으므로 얼른 명상에 들어갈 수 있습니다. 준비를 마쳤다면 편안하게 호흡하며 숨이 어떻고 들어가고 나오는지 관찰합니다.

명상

1. 호흡하면서 부드러운 몸의 움직임을, 오르락내리락하는 배와 가슴의 움직임을 느껴보세요. 호흡을 관찰하면서 이 움직임을 가만히 자각해봅니다.

2. 마음을 안정시킬 주문을 찾아봅니다. 이런 말은 어떨까요? "다 괜찮아." "잘 될 거야." "난 할 수 있어." 당신이 평소 좋아하는 주문이 있다면 그것도 좋습니다. 외우기 편하고 기분이 좋아지는 말이라면 무엇이든 괜찮습니다.

3. 마음속으로 주문을 외우세요. 숨을 깊게 들이쉬고 내쉬면서 생각합니다. "다 괜찮아." 호흡하며 머릿속으로 생각합니다. 숨과 함께 스트레스와 긴장이 몸 밖으로 빠져나갑니다.

4. 이런 식으로 계속 깊게, 고르게 호흡합니다. 명상하는 동안 다른 말이 떠올랐다면 그 말을 외워도 좋습니다.

5. 마음을 안정시킬 말에 집중하기 위해 큰 글자로 쓴 주문이 눈앞에 있다고 상상합니다. 호흡과 함께 주문을 떠올리면 생각이 다시 스트레스 상황으로 돌아가기 어렵습니다. 긴장을 풀고 온전히 명상에 머무를 수 있습니다.

마무리

평소처럼 편하게 숨을 쉽니다. 이제는 호흡만으로도 긴장이 풀리고 마음이 가라앉습니다.

숨을 들이마시고 내쉬며 몸에 집중합니다. 깔고 앉은 방석이나 누운 자리를 인식합니다. 몸의 어떤 부위가 자리에 닿나요? 그 부분을 느끼며 명상을 마칠 준비를 합니다.

손과 발을 부드럽게 움직입니다. 손가락과 발가락을 다 느껴보고 지금 여기로 돌아옵니다.

깍지를 끼고 기지개를 켭니다. 미소를 짓고 눈을 뜹니다.

제대로 하는 일이 없다고 느껴질 때

'이대로 괜찮은 걸까?' 누구나 수시로 이런 질문을 던집니다. 힘든 일이 닥쳤을 때, 실패하거나 실수했을 때, 정도 차이는 있겠지만 누구나 자괴감에 시달릴 수 있습니다. 명상은 힘이 센 동료여서 이런 자괴감도 막아줄 수 있습니다.

준비

방해받지 않고 조용히 명상할 수 있는 장소를 찾아보세요. 누워도 좋고 앉아도 좋습니다. 편안한 자세를 택하세요.

눈을 감고 호흡에 집중합니다. 숨이 어디로 흘러 들어가서 어디로 나오는지 느껴봅니다.

명상

1. 당신의 생각과 감정에 집중합니다. 지금부터는 당신의 자괴감을 아주 자세히 관찰할 겁니다. 최대한 제3자의 입장에서 분별하지 않고 바라봅니다.

2. 지금 당신이 느끼는 자괴감을 한 문장으로 표현해봅니다. 가령 "난 제대로 하는 게 하나도 없어"와 같이요.

3. 제3자의 입장에서 이 문장을 정확하게 검토합니다. 정말 당신은 제대로 하는 게 하나도 없나요? 100퍼센트 확신하나요? 아마 그렇지 않을 겁니다. 당신의 감정은 생각보다 객관적이지 않습니다.

4. 이제 당신이 과거에 특별히 잘했던 일, 당신이 늘 잘하는 일을 떠올려보세요. 최근 며칠, 또는 지난주, 또는 올해 동안 당신은 어떤 멋진 일을 했나요? 당신의 자괴감이 틀렸다는 생각이 들 겁니다.

5. 자신을 사랑스러운 눈으로 바라보세요. 당신은 자신의 어떤 점을 좋아하나요? 어떤 성격을 자랑스러워하나요? 왜 당신이 소중한 사람인지 세 가지 이유를 찾아보세요. 당신이 이 세상에 선사한 멋진 일 세 가지를 찾아보세요.

6. 자신에게 미소를 선사합니다. 다정한 말 몇 마디를 곁들여 자신의 자존감에 힘을 실어줍니다. "난 지금 이대로 충분해" "난 소중한 사람이야" "난 좋은 일을 많이 했어" 와 같이요.
마음에 드는 말을 골라 자주 되풀이하세요. 행복과 기쁨이 따라올 겁니다. 행복과 기쁨이 점점 커져 당신을 가득 채울 겁니다.

마무리

그 기분을 잠시 음미하세요. 이제는 자괴감이 들어도 괜찮습니다. 언제라도 스스로 떨쳐낼 수 있으니까요.

천천히 명상을 마칠 준비를 합니다. 방석과 자리를 느껴봅니다. 몸과 닿은 부분을 느낍니다.

세 번 깊게 호흡하고 최대한 쭉 기지개를 켭니다. 다시 한 번 미소를 지어보세요. 눈을 뜹니다.

외로울 때는 어떻게 하죠?

그런 날이 있습니다. 이 세상에 혼자 덩그러니 남은 기분, 아무도 당신을 이해하지 못하고, 모두가 당신을 외면한 것 같은 기분이 들 때요. 세상 그 누구도 당신을 생각하지 않을 것 같습니다.

정말 혼자여서 그럴 수도 있지만 주변이 사람들로 수선스러운데 외롭다고 느낄 수도 있습니다. 그런 생각과 기분이 들 때는 이 명상이 제격입니다.

준비

명상하기 좋은 장소를 찾습니다. 잠시 아무도 방해하지 않을 조용한 장소가 좋습니다. 이 명상은 앉아서 해도 좋고 누워서 해도 좋습니다.

호흡에 집중해 긴장을 풉니다. 숨을 깊게 들이쉬고 천천히 고르게 내뱉습니다. 몇 번 깊게 호흡하며 지금 이 순간에 몰입합니다.

숨을 들이쉴 때 고요와 평화가 들어오고 숨을 내쉴 때 긴장과 불안이 밖으로 나갑니다. 눈을 감고 다시 편안하게 호흡합니다.

명상

1. 외로운 기분에 잠겨봅니다. 그 생각에 휩쓸리지 말고 알아차립니다. 마음에 담긴 외로움을 느끼면서 지금은 그래도 괜찮다고 자신에게 말합니다. 지금 당신은 외로운 기분이 듭니다.

2. 몇 번 깊게 호흡하면서 이 기분에 붙들려 있지 않아도 된다고 자신에게 말합니다. 외로운 기분에 적극 맞서도 좋다고 자신에게 말해주세요. 사실 당신의 인생에 멋진 사람이 너무도 많다는 사실을 떠올립니다. 당신은 감사한 사람들을 마음 깊은 곳에 항상 기억하고 있습니다.

3. 사랑하는 사람들을 하나하나 불러냅니다. 아주 가까운 사람, 당신과 좋은 관계를 맺은 사람을 떠올립니다. 그들을 최대한 구체적으로 그리며 눈앞에 불러옵니다.

4. 사랑하는 사람과 마주하고 서로에게 미소 짓습니다. 당

신이 그에게 말합니다. "네가 있어 얼마나 다행인지 몰라." 그 역시 기뻐하며 대답합니다. "나도 네가 있어 얼마나 다행인지 몰라." 주고받은 말을 마음 깊이 느끼고 곱씹어봅니다.

5. 마주한 사람과 깊이 포옹합니다. 안을 때 어떤 기분이었는지 굳게 기억에 새깁니다.

6. 당신과 좋은 관계에 있는 사람들이 나타나 당신을 에워쌉니다. 양쪽에서 사람들이 다정한 미소를 띠며 반갑게 인사합니다. 바로 옆에 가족과 친구들이 서 있습니다. 조금 떨어진 곳에는 동료, 지인, 이웃이 자리하고 있네요.

7. 당신을 소중히 생각하는 사람들과 함께 외로운 기분을 털어보세요. 쓸쓸한 기분에 집착할 필요가 없습니다.

8. 따듯한 포옹, 당신을 소중히 생각하는 수많은 사람과 함께하는 따스한 감각에 잠시 더 머물러봅니다.

마무리

상상의 세상에 원하는 만큼 오래 머물러도 괜찮습니다. 마지막으로 명상에서 만난 모든 사람을 한 번 더 바라봅니다. 모두가 당신에게 다정합니다.

몇 번 깊게 호흡하며 미소 짓습니다. 이런 시간을 마련한 자신에게 감사의 인사를 전하세요. 더 활짝 웃어봅니다. 깍지를 껴서 기지개를 쭉 켜고 눈을 뜹니다.

❋ "네가 내 인생에 함께해줘서 얼마나 좋은지 몰라"와 같은 문구를 사랑하는 사람에게 문자로 보내도 좋을 겁니다. 그럼 그 사람을 더 가까이 느낄 수 있습니다. 분명 상대도 당신의 문자에 크게 기뻐할 거예요.

몸이 무겁고 아파요

감기에 걸리거나 몸이 아플 때는 그 어느 때보다도 안정과 건강한 생활 방식이 필요합니다. 여기에 상상력을 동원하면 더 빠르게 회복할 수 있답니다. 플라시보 효과가 입증된 후 우리는 우리 마음가짐이 자기치유력과 면역계에도 큰 영향을 준다는 사실을 알게 되었지요.

이번 명상은 마음의 힘을 동원하고, 그 힘을 더 크게 키워 빠르게 다시 건강해지도록 도와줄 겁니다.

준비

침대나 소파처럼 당신이 누워 쉬고 있는 장소에서 그대로 해도 괜찮습니다.

눈을 감고 호흡에 집중합니다. 몸과 마음을 차분하게 가라앉힙니다.

코로 깊게 숨을 들이쉬고 입으로 천천히 고르게 내뱉습니다. 마음이 편안해지면서 지금 이 순간에 집중합니다. 숨을 마시고 내쉬는 감각을 느끼세요. 숨이 어디로 흘러 들어가서 어디로 나오나요? 배와 가슴이 오르락내리락하나요? 자신의 리듬을 찾았다면 편안하게 호흡하면서 좀 더 긴장을 풀어보세요.

명상

1. 긍정적인 생각은 긍정적인 변화를 불러올 수 있다는 사실을 떠올립니다. 긍정적인 생각이 당신의 면역계에도 좋은 변화를 일으킬 겁니다.

2. 당신의 몸에 면역력 본부가 있다고 상상합니다. 위험을 알아차려 막아주는 사령부 같은 곳이죠.

3. 면역력에 형태를 입혀주세요. 면역력이 덩치 큰 경호원, 혹은 힘 센 동물이라고 상상하는 겁니다. 경호원이 건강에 문제가 없는지 찾아내려 당신 몸을 샅샅이 수색합니다.

4. 경호원에게 집중하세요. 당신은 많은 에너지를 그에게 전달합니다. 에너지를 받은 경호원이 더 커지고, 강해지고, 민첩해집니다.

5. 당신 몸에 닥친 위험과 질병을 쫓아내고 예방하기 위해 경호원이 지금 현재 최선을 다합니다.

6. 경호원에게 감사의 마음을 전하세요. 더 많은 에너지로 그의 힘을 키워줍니다.

7. 에너지를 공급하면 언제든 경호원은 당신을 보호할 겁니다. 절대 당신을 실망시키지 않을 겁니다. 이런 생각으로 상상을 끝마칩니다.

마무리

다시 호흡에 집중합니다. 깊게 호흡하며 현재로 돌아옵니다.

뭔가 변화의 낌새가 느껴지나요? 명상하기 전보다 힘이 더 생겼나요? 자신의 몸에 큰 선물을 준 당신을 자랑스러워해도 좋습니다.

이제 기지개를 켜고 미소를 지으며 눈을 뜹니다.

++ 중요해요! ++

명상은 치료를 대신할 수 없습니다. 심하게 아프거나 오래 낫지 않으면 꼭 병원을 찾아가세요.

3

감정이 갑자기 휘몰아칠 때

한없이 슬프고 울적하다면

살다 보면 세상이 암울하고 울적하게 느껴질 때가 있습니다. 특히 겨울이 오면 마음이 우울하다는 사람들이 많습니다. 특별한 이유가 없는데도 왠지 서글프지요.

이럴 때 상상력을 동원해보세요. 다시 기분을 환히 밝힐 수 있답니다.

준비

명상하기 좋은 분위기를 만들어봅니다. 잠시 아무도 방해하지 않을 조용한 장소를 찾아 사랑을 담아 그 장소를 꾸며보세요. 양초를 밝히고 긴장을 풀어주는 음악을 틀어도 좋습니다.

자신에게 편한 명상 자세를 잡습니다. 몇 번 깊게 호흡하고 마음을 가라앉힌 후 눈을 감습니다. 깔고 앉은 방석을 느껴봅니다. 온몸 구석구석을 느끼며 온전히 자신에게로 집중합니다.

준비가 다 됐으면 이제 명상을 시작해볼까요?

명상

1. 지금 당신은 어떤 기분인가요? 마음속 감정을 느껴보고 자신의 생각을 알아차립니다. 알아차리는 것만으로도 충분합니다.
   옳고 그름을 분별하지 말고 가만히 지켜보세요. 슬픔에게 자리를 내어주고 슬픔을 알아차리세요.

2. 다시 호흡에 집중합니다. 생각과 감정에서 한 걸음 떨어져 나와 호흡의 리듬과 흐름을 관찰하고, 호흡에 따라 움직이는 자신의 몸을 지켜봅니다.

3. 들이마신 숨이 심장으로 들어간다고 상상합니다. 한 손을 들어 심장에 갖다 댑니다. 들이마신 숨을 심장으로 보내는 상상을 하면서 그대로 계속 호흡합니다.

4. 호흡할 때마다 황금색 빛줄기가 몸으로 따라 들어온다고 상상합니다. 코를 통해 들어와 목과 가슴을 지나 심

장으로 흘러 들어갑니다. 눈부시게 환하고 따스하며 힘찬 황금빛이 숨 쉴 때마다 곧바로 심장으로 들어옵니다.

5. 숨 쉴 때마다 빛이 더 밝아집니다. 눈부신 빛줄기가 심장에서 온몸으로 퍼지며 슬픔의 기운을 몰아냅니다.

6. 숨을 마실 때 황금색 빛줄기가 들어오고 숨을 뱉을 때 잿빛 슬픔이 빠져나갑니다. 서서히 온몸에 황금빛이 흘러넘칩니다.

마무리

황금빛으로 가득한 몸을 느끼며 그 행복감에 젖어봅니다. 기분이 달라졌나요? 지금 어떤 기분인지 느껴보세요.

서서히 명상을 마무리할 준비를 합니다. 밝고 따스한 기분을 오늘 하루에 실어보내며 손과 발을 살짝 움직입니다. 손과 발을 더 세게 움직여 지금 여기로 돌아옵니다.

기지개를 켜고 미소를 짓습니다. 참 잘했습니다. 이제 눈을 떠도 좋습니다.

++ 중요해요! ++

이 명상은 유독 기분이 울적하다고 느껴지는 날에, 혹은 조금 우울감이 찾아왔을 때 사용하세요. 이미 우울증을 앓고 있거나, 너무 오래 또는 견딜 수 없이 슬플 때는 반드시 의사를 찾아가야 합니다. 도움을 청하는 일을 창피하다 여기지 마세요.

긴장감을 손으로 날려버리는 법

우리의 하루하루는 긴장의 연속입니다. 차곡차곡 쌓인 긴장은 몸을 해치지요. 머리가 지끈거리고 등이 아픕니다. 이 명상으로 긴장을 풀어보세요. 자, 당장 시작할까요?

준비

이번 명상은 손을 이용합니다. 꼭 한번 해보기를 진심으로 권합니다. 몸과 마음은 별개가 아니어서 서로 영향을 미칩니다. 명상에서도 그 효과를 확인할 수 있습니다. 몸을 이용한 명상은 간단하면서도 효과가 더할 나위 없이 좋습니다.

이 명상은 앉아서 해도 좋고 누워서 해도 좋습니다. 적당한 장소를 찾아 편안한 자세를 취합니다.

눈을 감고 호흡에 집중합니다. 천천히 고르게 코로 들어갔다 입으로 나오는 숨을 관찰합니다. 호흡과 함께 지금 이 순간에 몰입합니다.

명상

1. 지금 당신의 마음은 어떤 모습인가요? 무슨 생각과 감정이 마음에 부담을 주고 긴장하게 하나요? 감정과 생각을 있는 그대로 받아들입니다. 지난 며칠 동안 쌓인 감정을 모두 느껴보세요. 어디서 느껴지나요? 배? 가슴? 목?

2. 손에 힘을 주어 꽉 주먹을 쥡니다. 아주 세게, 단단히 쥡니다. 그동안 쌓인 모든 긴장과 부담감을 끌어모으세요.

3. 손에 집중하며 아직 마음에 남은 부담감과 긴장감을 느껴봅니다. 마음의 짐으로 쌓인 모든 것을 손으로 보내 그 안에 담긴 부정적인 감정을 느낍니다.

4. 온 힘을 모아 감정을 붙잡아둡니다. 손에 힘이 빠지면 다시 과거의 긴장을 주먹으로 보내 손에 힘을 줍니다.

5. 주먹에 보내는 에너지가 많을수록 마음 깊은 곳에 숨은

감정이 더 많이 풀려나옵니다. 긴장이 모두 흘러나와 손으로 들어갈 때까지 주먹을 풀지 않고 꽉 쥡니다.

6. 손에 붙들린 긴장과 부담감을 느껴보세요. 당신의 마음이 얼마나 가벼워졌는지도 살펴보세요. 쥐고 있던 모든 감정을 풀어 하늘로 날립니다. 손에 힘을 빼니 온몸에 안도감의 파도가 밀려옵니다. 그 파도에 몸을 맡깁니다.

마무리

긴장이 풀리면서 찾아온 멋진 해방감에 흠뻑 젖습니다. 또 긴장이 찾아오면 언제라도 이렇게 날려 보낼 수 있습니다.

호흡에 집중하세요. 깊게 코로 숨을 들이쉬고 입으로 내쉽니다. 명상을 마무리할 준비를 합니다.

손과 발을 움직이고 기지개를 켭니다. 미소를 짓고 눈을 뜹니다.

힘에 부쳐 꼼짝하기도 어려운가요?

해야 할 일이 너무 많거나 예상치 못한 문제가 생겼을 때, 책임이 감당되지 않을 때, 이럴 때 우리는 힘에 부친다는 생각을 합니다. 갑자기 위험한 상황에 맞닥뜨려 너무 놀란 상태와 비슷해집니다. 꼼짝도 못하지요.

다음 명상으로 이 마비 상태에서 빠져나올 수 있습니다.

준비

편안하고 조용한 장소를 골라 자리 잡습니다. 이 명상은 앉아서 해도 좋고 누워서 해도 좋습니다. 편한 자세를 택합니다.

눈을 감고 호흡에 집중합니다. 들어오고 나가는 숨을 관찰합니다. 몇 번 깊게 숨을 쉬어 명상 준비를 마쳤다면 다시 편안하게 호흡합니다.

명상

1. 지금 자신의 마음을 알아차립니다. 힘에 부치는 기분을 느껴봅니다. 온전히, 다 느껴봅니다.
아마 정신이 하나도 없고 머리가 뒤죽박죽 엉킨 기분일 겁니다. 해야 할 일이 너무 많나요? 책임이 무거운가요? 위기에 부딪쳤나요?

2. 힘겨운 기분은 휘몰아치는 회오리바람 같습니다. 모든 것을 빨아올려 멀리 던져버리지요. 시끄럽고 빠르고 어수선해서 정신을 똑바로 차릴 수가 없습니다. 당신을 힘들게 하는 모든 일이 이 회오리바람이라고 상상해보세요.

3. 이제 당신의 힘을 키워봅니다. 힘이 점점 더 세진다고 상상합니다. 당신은 안전하고 단단합니다. 천혜의 요새에 들어앉았거나 철갑을 두르고 있어 어떤 거센 바람에도 끄떡없다고 상상해도 좋습니다.

4. 태풍의 눈으로 걸어 들어갑니다. 힘들게 바람을 헤치고 몇 걸음 걸어가면 갑자기 세상이 고요해집니다. 살랑살랑 실바람만 붑니다.

5. 당신은 태풍의 눈에 들어왔습니다. 당신을 힘들게 하는 모든 것이 당신을 둘러싼 바람을 타고 소용돌이치고 있습니다. 당신은 휘몰아치는 문제들을 하나씩 집어냅니다. 차례로 살펴봅니다. 가만히 들여다보며 어떻게 대처할지 고민합니다.

6. 그렇게 하나씩, 힘에 부치는 문제를 모두 꺼내 살핍니다. 꺼낼 때마다 바람이 조금씩 잦아들고, 결국 잠잠해집니다. 마침내 햇살이 당신의 얼굴을 환하게 비춥니다.

마무리

명상하는 동안 깨달았을 겁니다. 차근차근 처리하면 어느 순간 모두 해결할 수 있는 일들입니다. 어쩌면 다른 사람의 도움이 필요하다는 사실을 깨달았을 수도 있습니다. 맞습니다. 힘들 때는 언제든 도움을 청하면 됩니다.

깔고 앉은 방석을 느끼며 손과 발을 움직입니다. 오늘 하루를 상쾌한 마음으로 이어갈 기대에 무척 기쁩니다.

몇 번 깊게 호흡하세요. 미소를 지으며 눈을 뜹니다.

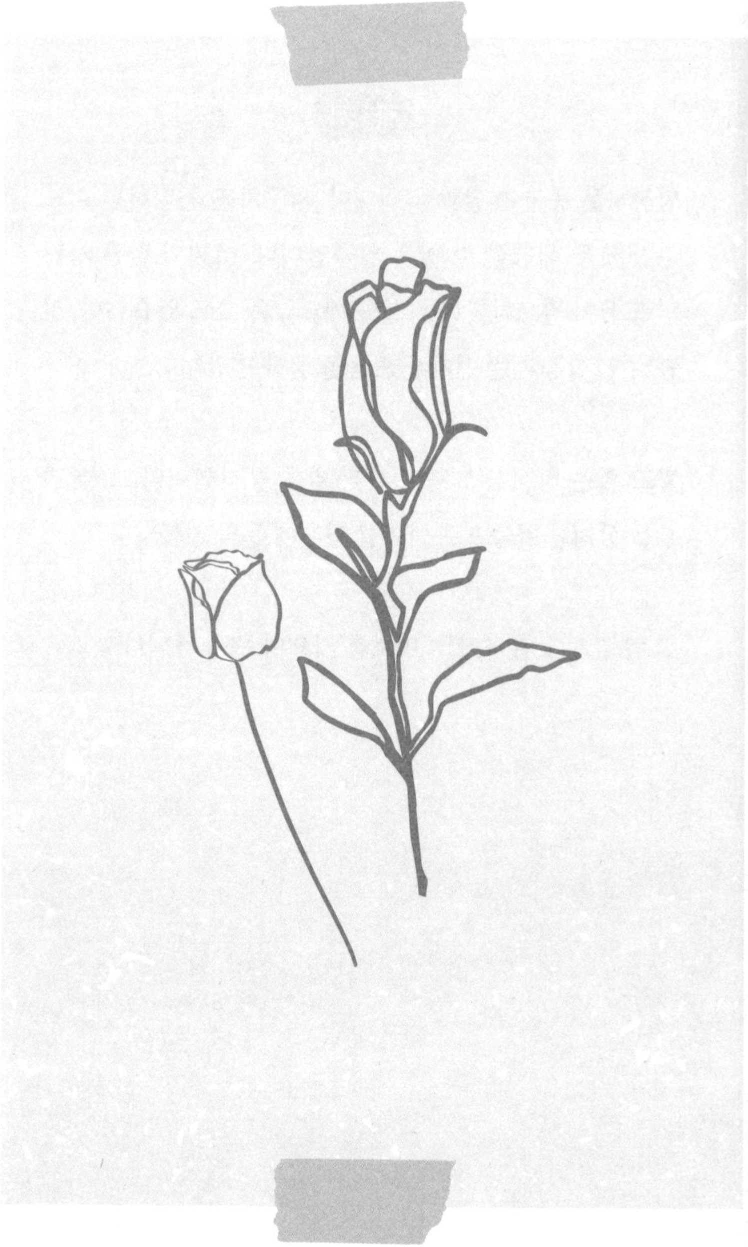

괜히 불안해지는 순간에

괜히 불안해지는 순간이 있습니다. 이번 명상은 불안하고 겁날 때, 혹은 두려운 상황을 앞뒀을 때 마음을 안정시키고 힘을 주는 명상입니다. 당신의 불안이 눈 녹듯 사라질 겁니다.

준비

이 명상은 앉거나 눕거나 어떻게 해도 다 좋습니다. 편안한 장소를 찾아 자세를 잡아보세요.

눈을 감고 몸을 느껴 봅니다. 천천히 긴장을 풉니다.

잠시 호흡에 집중합니다. 몸의 어디에서 숨이 느껴지나요? 호흡과 더불어 마음이 편해집니다.

명상

1. 무슨 일이 있어도 안전한 장소를 상상합니다. 어떤 장소일까요? 언젠가 가본 적 있는 곳인가요? 순전히 상상으로 지어낸 곳인가요? 지금 이 자리에서 상상으로 만들어도 좋습니다.

2. 이 장소를 당신에게 딱 맞는 곳으로 만들어보세요. 이곳에선 무슨 일이 있어도 안전하며, 편히 쉴 수 있습니다. 오감을 모두 동원해 이 장소를 관찰합니다. 무슨 소리가 들리나요? 어떤 향기가 나나요? 어떤 기분이 드나요?

3. 이제 마음을 내려놓고 편히 쉬어보세요. 편안한가요? 아직 불편한 구석이 있다면 무엇이 더 필요한지 생각해 장소에 집어넣습니다.

4. 상상의 세계에선 불가능이란 없습니다. 묵직한 문도, 튼튼한 담도, 절대 안 열리는 자물쇠도 만들 수 있습니다.

까마득히 높은 곳으로 올라가 피신할 수도 있습니다. 필요한 건 전부 만들 수 있습니다. 사람도, 동물도 더할 수 있죠. 이곳에 같이 있고 싶은, 함께 있으면 좋은 사람이나 동물이 있나요? 그것도 상상으로 불러오세요.

5. 이 장소는 당신 마음대로 꾸밀 수 있습니다. 여기서는 의자에 느긋하게 기대어 깊게 호흡하면서 긴장을 완전히 풀 수 있습니다.

마무리

불안이 완전히 사라지고 안전하다고 느낄 때까지 이 장소에 머무르세요. 그리고 다시 호흡에 집중합니다.

깔고 앉은 방석을 느낍니다. 당신을 안전하게 받쳐주고 있네요. 당신의 몸이 닿은 지점을 느껴보며 다시 지금 여기로 돌아옵니다.

당신은 언제라도 당신을 위한 공간으로 돌아갈 수 있습니다. 그곳은 언제나 거기 있을 겁니다.

미소를 짓고 기지개를 켭니다. 눈을 뜹니다.

++ 중요해요! ++

불안장애를 앓고 있거나 견딜 수 없을 정도로 불안이 심하다면 반드시 전문가를 찾아가 도움을 청해야 합니다.

4

인간관계가 힘에 겨울 때

다투고 후회하지 않도록

다투다 보면 꼭 나중에 후회할 말이나 행동이 나옵니다. 다투는 중에, 혹은 다투고 난 후라도 잠시 시간을 내서 명상해보세요. 문제에서 한 발자국 떨어져 객관적으로 생각할 수 있습니다. 후회할 실수도 하지 않겠지요.

다음 방법이 당신을 도와줄 겁니다.

준비

다툼이 커질 것 같으면 상대에게 양해를 구하고 잠시 그 장소를 벗어납니다. 명상하기 좋은 곳을 찾아보세요. 다투고 난 후라도 괜찮습니다. 20분 정도 아무도 방해하지 않을 조용하고 편안한 장소를 찾아봅니다.

먼저 호흡에 집중하고 다툼으로 생긴 긴장을 푸세요. 코로 숨을 깊게 들이쉬고 입으로 천천히 고르게 내쉽니다. 다투는 중이라면 마음의 부담도 숨을 따라 함께 배출하세요. 숨을 내쉴 때마다 긴장과 화가 빠져나가고, 숨을 마실 때마다 포용력과 여유가 들어온다고 상상합니다.

지금 이 순간은 오직 당신만의 시간입니다. 준비가 끝났다면 다시 평소처럼 숨을 편안하게 쉬면서 눈을 감습니다.

명상

1. 다투던 장면이 점점 멀어진다고 상상합니다. 이제는 갈등 상황과 뚝 떨어져서 지켜볼 수 있습니다. 자신과 상대를 바깥에서 바라봅니다.

2. 객관적인 눈으로 상황을 관찰합니다. 일체의 평가나 감정을 배제하려 노력하세요. 무엇 때문에 다투었나요? 어쩌다 다투게 되었나요? 혹시 오해가 있었을까요?

3. 사실 누가 옳은지는 중요하지 않습니다. 각자 나름의 입장이 있고, 그 입장은 개인의 경험과 바람, 확신으로 생긴 것입니다. 누가 더 옳고 누가 더 그른 게 아닙니다. 상황을 분별하지 말고 그저 가만히 관찰해보세요. 당신도 그저 바라봐볼 수 있습니다.

4. 자신에게 물어보세요. 왜 다투었나요? 묵은 상처나 다른 감정적인 문제가 있었나요? 자신과 상대를 공감하고

이해합니다. 그리고 이제 그만 다퉈도 좋다고 자신에게 이야기해주세요.

5. 상대와 마주 서서 그의 눈을 똑바로 바라본다고 상상합니다. 눈을 피하지 않고 말합니다. "미안해. 용서해줘." 상대가 대답합니다. "용서할게. 나도 미안해. 용서해줘." 서로를 껴안아주거나 악수할 수도 있습니다. 따듯한 화해의 표현으로 당신의 마음에 평화가 되돌아옵니다.

마무리

따뜻한 공감과 이해의 순간이 얼마나 기분 좋은지 알아차렸나요? 아마 이제 어떻게 해야 할지도 알았을 겁니다. 당신은 이미 결심했을 겁니다.

다시 호흡에 집중하세요. 몇 번 코로 깊게 숨을 들이쉬고 천천히 고르게 내쉽니다.

바닥의 방석을 느껴보세요. 몸과 닿은 부분을 느끼고 당신의 자세를 느껴보세요.

손과 발을 움직여보고 기지개를 켭니다. 이제 눈을 뜹니다.

화를 억누르지 말아요

살다 보면 분개하고 화낼 일도 생깁니다. 기분이 좋지는 않겠지만 충분히 있을 수 있는 일입니다. 우리는 흔히 화났을 때 대처를 잘해야 한다고 이야기하는데, 이 말이 화를 억누르라는 뜻은 아닙니다. 화에 잘 대응하라는 뜻이죠.

감정은 억눌러서는 안 됩니다. 억지로 누르면 아래로 내려가 계속 부글부글 끓을 것이고, 그러다 작은 계기가 생기면 화산처럼 펑 하고 터져 나옵니다.

이 명상은 마음에 쌓인 감정을 대면하고 알아차리는 시간입니다. 감정을 인식한 후에는 그 감정을 해소할지 말지 스스로 결정할 수 있습니다. 오래 화를 내면 기분도 좋지 않거니와 무엇보다 소중한 힘과 에너지가 낭비되거든요.

준비

아무도 방해하지 않는 조용하고 편안한 장소를 찾습니다.

호흡에 집중하고 마음을 안정시킵니다. 고르게 숨을 들이쉬고 내쉽니다. 숨이 몸속 어디를 흘러 다시 밖으로 나오는지 관찰하세요. 온 정신을 호흡에 집중합니다.

명상

1. 마음속에 끓고 있는 화를 알아차립니다. 왜 화가 났는지 이유를 생각합니다. 화를 내도 좋습니다. 억지로 억누를 필요가 없습니다. 그저 내버려두세요.

2. 몸의 어디에서 화를 느낄 수 있나요? 제3자의 입장에서 신체 변화를 관찰하세요. 긴장으로 몸이 뻣뻣한가요? 어깨가 뭉치고 소화가 안 되고 가슴이 답답한가요?

3. 화를 더 키워봅니다. 흔히 사람들은 부정적인 감정이 생기면 서둘러 쫓아내려 합니다. 하지만 이번에는 화를 알아차릴 겁니다. 무엇 때문에 화났는지 생각하며 당신의 몸이 어떻게 반응하는지 느껴보세요. 지금은 그래도 좋습니다. 괜찮습니다.

4. 긴장을 풀어줍니다. 화를 내도 좋다고 자신에게 말해주세요.

5. 이제 확실하게 결정 내립니다. 계속해서 화를 내고 싶은가요? 아니면 이제 그만 화를 삭일까요?

6. 화를 삭이기로 결정했나요? 그럼 숨을 깊게 들이쉬고 내쉬면서 가만히 자신에게 말합니다. "이제 됐어. 그만 화낼 거야." 화가 당신의 몸을 떠나는 상상을 해보세요.

7. 몸 밖으로 나온 화가 당신 앞에 서 있다고 상상합니다. 화를 가만히 관찰합니다. 무슨 색깔, 어떤 모양인가요? 관찰하다 보면 자신의 감정과도 거리를 둘 수 있습니다. 자신과 분리해 생각할 수 있습니다.

8. 이제 그 감정이 필요하지 않다는 걸 알아차립니다. 화에게 다정하지만 단호하게 작별 인사를 고합니다. 서서히 멀어지는 화의 뒷모습을 지켜봅니다.

마무리

지금 당신의 마음은 어떤가요? 어떤 변화가 생겼나요? 몸의 긴장은 풀렸나요?

잠시 다시 깊게 호흡하며 명상을 마무리할 채비를 합니다.

준비가 끝났으면 눈을 뜹니다. 다시 현실로 돌아옵니다. 몸을 움직이며 미소 짓습니다.

❋ 아직 감정을 떠나보내고 싶지 않다고 해도 괜찮습니다. 명상을 통해 당신이 왜 화가 났는지, 화를 삭이려면 무엇이 필요한지 알아보세요.

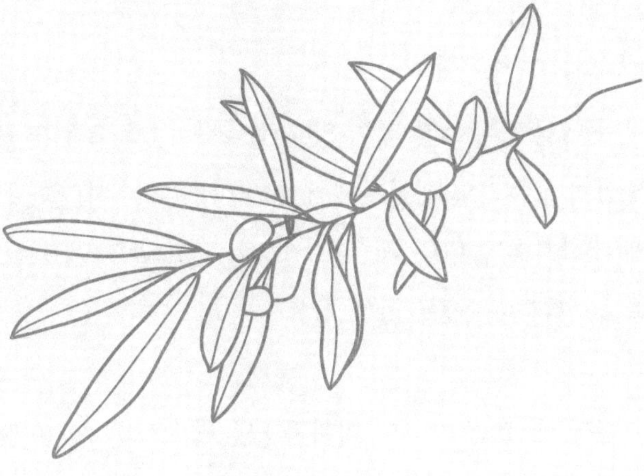

질투하지 않아도 괜찮아

아마 다들 질투해본 적이 있을 겁니다. 친구 혹은 연인이 모임이나 온라인 메신저에서 내가 아닌 다른 사람과 신나게 대화를 나눕니다. 서운한 생각이 들고 말도 안 되는 억측을, 상상의 나래를 펼칩니다.

그런데 내 그런 반응이 의미가 있을까요? 질투심은 상대의 문제로 인해 생긴 감정이 아닐 수도 있습니다. 내 과거의 나쁜 경험, 다른 사람에게 받은 상처, 상실의 공포로 인해 일어날 때가 많습니다.

집이 아니어도 좋습니다. 길을 가는 중이어도 상관없습니다. 질투심이 나거든 잠시 아래의 명상을 해보세요. 큰 도움이 될 겁니다.

준비

질투가 솟구치거든 휩쓸리지 말고 그 감정을 가만히 알아차립니다. 거리를 두려 노력하면서 근처에 잠깐이라도 명상할 수 있을 만한 장소를 찾아봅니다. 혹시 술집에 있었다면 급한 대로 화장실이나 자동차 안도 괜찮습니다.

이번 명상은 당신의 질투심에 대처하는 방법입니다. 냉철한 눈으로 상황을 바라보면 감정에 대응하기도 수월하지요. 명상 장소가 아주 편하지 않아도 괜찮습니다. 급하면 서서 해도 좋습니다. 잠시 자신만의 시간을 가질 수 있으면 그것으로 충분합니다.

명상

1. 호흡에 집중해 마음을 가라앉힙니다. 코로 숨을 깊게 들이쉬고 입으로 천천히 고르게 내뱉습니다. 심장박동이 약해지면서 지금 이곳에 집중합니다.

2. 당신의 마음을 관찰하세요. 왜 질투가 났나요? 상대가 당신을 속일까 봐, 떠날까 봐 겁나나요? 자신이 부족하다고 생각하나요? 질투심 뒤편에 어떤 생각이 숨어 있는지 찾아봅니다. 어쩌면 과거 경험 때문일 수도 있습니다.

3. 자신의 마음을 들여다보고 당신이 무엇을 갈망하는지 찾아봅니다. 당신의 질투심은 어떤 신호가 아닐까요? 당신과 상대의 관계에서 무언가가 부족한데 그 결핍을 상대에게 투영한 것이 아닐까요? 스킨십이나, 애정, 따뜻한 말 한마디가 부족한가요? 마음을 살펴보며 당신이 무엇을 원하는지 찾아봅니다.

4. 당신이 원하는 것을 어떻게 하면 상대에게 줄 수 있을지 고민해봅니다. 당신이 바라는 말이나 몸짓, 선물을 상대에게 건네준다면 상대 역시 기뻐하며 똑같은 것을 당신에게 선물할 겁니다. 마음을 표현할 용기, 상대에게 신뢰를 보일 용기만 있으면 됩니다.

5. 두 사람의 관계에서 아름답고 친밀했던 때를 떠올려봅니다. 그 순간 느낀 포근한 기분을 기억해보세요. 두 사람을 엮어주는 아름다운 추억이 이렇게 많습니다.

6. 두 사람이 끈끈했던 때에 당신에게는 불안도, 부담도, 다른 기대도 없었습니다. 이제 호흡에 집중합니다. 불안과 부담, 지나친 기대를 숨과 함께 밖으로 내보냅니다.

마무리

질투심이 사그라들면 다시 처음의 장소로 돌아갑니다. 이제 세상이 전혀 다르게 보일 겁니다. 당신과 상대의 관계를 위해 건강한 결정을 내릴 수 있을 겁니다.

❋ 명상이 끝나고 다시 마음이 안정되면 상대와 대화를 나눠보세요. 감정에 관해 솔직하게 터놓고 이야기하면 관계가 더 깊어지고, 혹시 오해가 있었다면 오해도 풀 수 있습니다.

이제는 헤어질 결심

사랑을 잃은 아픔은 참 큽니다. 한 번이라도 이별을 경험해봤다면 크고 깊은 슬픔, 주체할 수 없는 분노를 잘 알 겁니다. 이번에는 아픔을 달래기 위한 명상법입니다. 도움이 되면 좋겠습니다.

준비

조용하고 편안하고 안전한 장소를 찾으세요. 이 명상은 앉아서 해도, 누워서 해도 좋습니다.

눈을 감고 호흡에 집중합니다. 코로 깊게 숨을 들이쉬고 입으로 천천히 고르게 내쉽니다. 흥분한 상태라면 아주 천천히 숨을 내쉽니다. 숨이 하나도 남지 않을 때까지 완전히 다 내뱉습니다.

몸속 어디에서 숨을 느낄 수 있나요? 숨이 어디로 들어가서 어디로 나오나요? 어떻게 몸을 지나가나요? 집중해서 숨을 따라가다 보면 마음이 차분히 가라앉을 겁니다.

명상

1. 이 순간만큼은 온전히 실연의 아픔에 젖어봅니다. 모든 감정, 모든 생각을 허용해도 좋습니다. 자괴감, 슬픔, 분노, 눈물을 흘려도 괜찮습니다.

2. 이 감정이 몸 어디에 있는지, 어떤 증상을 만드는지 느껴보세요. 배가 묵직한가요? 가슴이 답답한가요? 정신이 멍한가요?

3. 숨을 깊게 들이쉬고 내쉬면서 아픔이 느껴지는 신체 부위로 숨을 보냅니다. 덕분에 그 부위가 넓어집니다. 아픔이 조금 진정될 겁니다.

4. 이번에는 깊게 숨을 마시고 몇 초 멈추었다가 힘차게 다시 내뱉습니다. 그 부위가 더 넓어집니다.

5. 당신을 떠난 그 사람이 지금 바로 앞에 서 있다고 상상

합니다. 그의 눈을 똑바로 마주합니다. 눈물이 솟구칠 수도 있습니다. 그래도 괜찮습니다. 튼튼한 끈이 당신과 그 사람을 하나로 묶고 있네요.

6. 이 사람을 떠나보낼 결심을 합니다. 결심을 하니 두 사람을 묶은 끈이 살짝 찢어집니다. 무겁던 마음이 조금 가벼워집니다.

7. 그 사람을 바라봅니다. 당신이 그를 사랑하듯 당신 역시 사랑받을 가치가 있는 사람입니다. 그 사실을 가슴에 새기며 말하세요. "당신을 놔줄 거야. 당신을 보낼 거야. 내가 지고 있는 짐을 벗고 가벼워질 거야."
조용히 이 문장을 몇 번 되풀이합니다. 반복할 때마다 당신을 옭아맨 끈이 조금씩 더 찢어집니다. 어쩌면 또 눈물이 솟구칠지도 모르겠네요. 그래도 괜찮습니다. 자신의 감정을 소중히 인정하고 이별하는 과정의 일부라고 생각하세요.

8. 슬픔이나 분노가 안도감으로 바뀔 때까지 이 말을 되풀이하세요. 이제 완전히 끊어진 끈을 바라보며 밀려드는 해방감을 느껴보세요. 해방감이 들지 않을 수도 있습니다. 그래도 괜찮습니다. 반드시 그 순간이 올 겁니다.

마무리

실연의 아픔이 당장 없어지지는 않을 겁니다. 좀 더 오래 갈 수 있습니다. 그래도 당신은 아픔을 이기기 위해 큰 걸음을 내디뎠습니다. 그 길을 걸어가는 당신을 응원하세요.

다시 호흡에 집중합니다. 코로 들어가는 숨과 오르락내리락하는 배를 느껴보세요.

명상 장소로 돌아옵니다. 손가락과 발가락을 움직이며 명상을 마무리할 준비를 합니다.

미소를 짓고 눈을 뜹니다.

5

해내야 할 일이 버거울 때

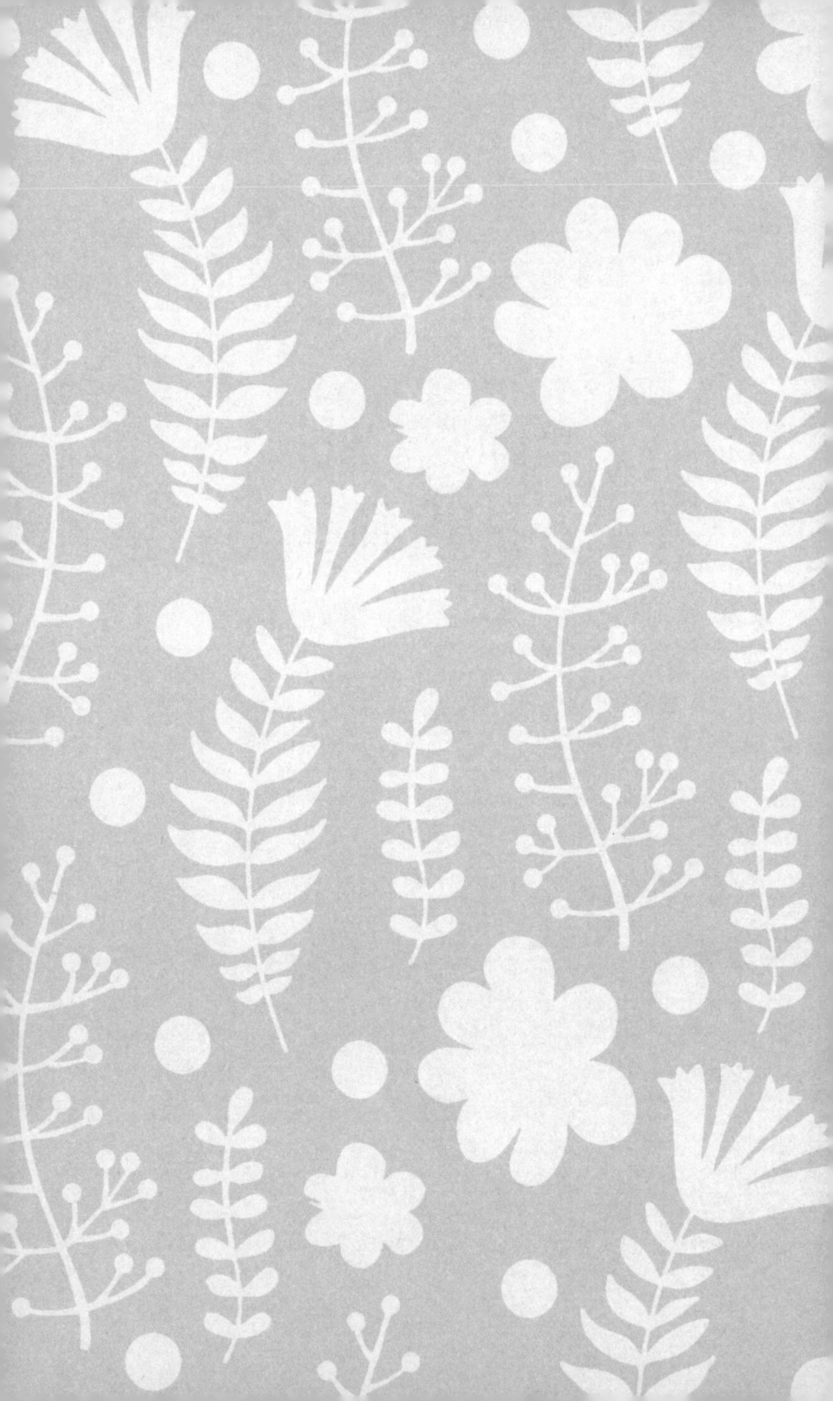

자꾸 과제를 미루고 있다면

'지연 행동'이라는 말이 있습니다. 엄청 어려운 말 같지만 사실 그냥 '미루기'라는 뜻입니다. 다들 경험이 있을 겁니다. 할 일은 태산 같은데 도무지 의욕이 없는 순간이 있습니다. 집안일, 세금 신고, 봄맞이 대청소, 새로운 프로젝트의 시작…….

지연 행동을 타파할 의욕은 그 누구도 아닌 당신에게서 나옵니다. 그 과정을 다음 명상이 도와줄 겁니다.

준비

눈을 감고 호흡에 집중합니다. 코로 숨을 깊게 마시고 입으로 천천히 고르게 내쉽니다. 몸을 타고 흐르는 숨을 느끼세요. 몇 번 깊게 호흡한 후 다시 편안하게 호흡합니다.

명상

1. 가만히 생각해봅니다. 무엇이 일을 방해하나요? 미루는 이유가 있나요? 혹시 어떻게, 어디서부터 시작해야 할지 몰라서 그런 건가요? 지금까지 당신의 발길을 붙든 게 무엇인지 찾아봅니다.

2. 미루는 이유를 알아차립니다. 그 이유로 당신은 지금껏 오랫동안 일을 처리하지 않았지만, 그래도 괜찮다고 자신에게 말해보세요. 물론 이제는 시작해야 합니다. 더 미룰 수는 없습니다.

3. 왜 이 일을, 이 업무를 하려 했는지 기억을 불러옵니다. 개인적인 이유가 있었나요? 경험을 쌓기 위해, 업무를 원활하게 진행하기 위해, 아니면 상대와 관계를 돈독히 하기 위해 꼭 필요한 일이었나요? 이 일이 왜 중요한가요? 당신의 이유에 집중해봅니다.

4. 업무를 시작해 가벼운 마음으로 처리하는 자신을 상상합니다. 좋아하는 일이 아닐 수도 있지만 하다 보면 자신도 모르게 푹 빠질 수 있습니다. 일하며 즐거워하는 자신을 상상하세요. 좋아하는 음악을 틀어놓을 수도 있습니다.

5. 일을 마치고 기뻐하는 자신을 최대한 생생하게 상상합니다. 흡족한 미소를 머금고 '해야 할 일 목록'에서 그 일을 지우는 자신을 상상하세요. 일을 처리한 후 돌아올 칭찬과 그로 인해 느낄 기쁨을 마음껏 느껴봅니다. 의욕이 불끈 솟구쳐 당장 일에 뛰어들고 싶을 수 있습니다.

마무리

호흡에 집중합니다. 숨을 들이쉴 때 의욕과 열정이 따라 들어오고 숨을 내쉴 때 훼방꾼들이 따라 나갑니다.

천천히 일을 시작할 채비를 합니다. 손발을 움직여 몸에 생기를 불어넣고 기지개를 쭉 켜서 온몸에 가득한 에너지를 느낍니다. 눈을 뜨고 일을 시작합니다.

※ 이 업무를 처리한 후 자신에게 어떤 상을 줄지도 생각해봅니다. 어떻게 자축하는 게 좋을까요?

잡념이 사라지질 않나요?

중요한 시험공부를 해야 하는데, 집중이 필요한 상황인데, 자꾸 잡다한 생각에 빠지나요? 이럴 때는 명상으로 집중력을 키울 수 있습니다.

이 명상은 자주 할수록 좋습니다. 더 오래 집중할 수 있고, 더 쉽게 명상할 수 있게 될 겁니다.

준비

편안히 오래 지탱할 수 있는 바른 자세를 취합니다. 보통 누운 자세보다는 앉은 자세가 집중하기에 더 좋습니다.

현재에 몰입합니다. 엉덩이에 닿은 방석을 느끼며 마음을 안정시킵니다.

명상하는 동안 다음 세 곳에 집중할 겁니다. 처음에는 손, 그다음에는 호흡, 그다음에는 인중입니다.

잡념이 다 사라지지 않아도 괜찮습니다. 끈기 있게 하면 됩니다. 이 명상은 일종의 '정신 운동'입니다.

— 명상 —

1. 손에 집중합니다. 최대한 꼼꼼히 쳐다봅니다. 손바닥, 손등, 손가락, 손톱을 관찰합니다. 손의 느낌을 느껴봅니다. 살짝 움직이기도 하며 온전히 손에만 집중합니다.

2. 눈을 감고 호흡에 초점을 옮깁니다. 관심을 가지고 세심하게 관찰합니다. 숨이 어디로 흘러들어와 어디로 나가나요? 온 신경을 호흡에 둡니다. 몸 어디에서 숨을 느끼나요? 가슴과 배가 어떻게 오르락내리락하는지 봅니다. 잡념이 스멀스멀 기어오거든 알아차리고 다시 주의 깊게 호흡에 집중합니다. 잠시 그대로 집중합니다.

3. 초점을 얼굴로 돌립니다. 이마, 눈, 코, 입이 각각 어떤 느낌인지 세세하게 알아차립니다. 마지막으로 코와 입 사이에 초점을 맞춥니다. 이곳을 인중이라고 부릅니다. 몸의 다른 부위는 어둠에 잠기고 인중에만 조명이 비친 것처럼 이 작은 부위에 온전히 집중합니다.

잠시 그대로 초점을 맞추세요. 다른 건 전부 뒤로 물리고 온전히 얼굴 한가운데 그 작은 부위에 집중합니다.

마무리

마음을 편안히 해주세요. 열심히 훈련한 자신을 칭찬하세요. 이 명상은 언제나 할 수 있습니다. 큰일을 앞두었을 때는 물론이고 평소 집중력을 키우고 싶을 때도 따라해 보세요.

명상을 마칠 준비를 합니다. 몇 번 깊게 숨을 들이쉬었다 내쉬고, 지금 있는 곳으로 돌아옵니다. 미소를 지으며 눈을 뜹니다.

❋ 처음에는 집중력 유지 시간을 1분으로 잡습니다. 잘 되면 3분, 5분…… 이런 식으로 시간을 늘려갑니다.

더 나은 선택을 하기 위해

의식하든 안 하든 우리는 하루에도 수백 번의 결정을 내립니다. 그 내용은 대부분 소소하지만, 나름 중요한 것도 있고, 인생을 좌지우지할 정도로 지대한 것도 있지요.

너무 중대한 사안이거나 선택지가 지나치게 많으면 당연히 결정하기가 쉽지 않을 겁니다. 고민이 깊을 때 다음 명상이 당신을 도와줄 겁니다.

준비

몇 분 동안 조용히 혼자 있을 수 있는 장소를 찾습니다. 지금 있는 장소를 인식합니다. 당신이 이 공간 정확히 어디에 있는지 알아차리며 엉덩이에 닿은 방석을 느껴봅니다. 온전히 이 순간에 집중합니다.

눈을 감고 호흡을 관찰하세요. 코로 숨을 깊게 들이쉬고 입으로 내쉽니다. 이렇게 의식적으로 호흡하면 몸과 마음이 점차 안정됩니다. 그리고 다시 편안하게 호흡합니다.

명상

1. 서서히 생각의 방향을 결정해야 할 일로 돌립니다. 차분한 마음을 유지하려 노력합니다. 지금 당장 결정할 필요는 없습니다.
   한 걸음 뒤로 물러나 차분한 마음으로 선택지를 살펴본다고 상상합니다. 직장을 옮겨야 하나요? 도무지 결정하기 어려울 정도로 중대한 일인가요? 걱정하지 마세요. 당신은 옳은 결정을 할 겁니다.

2. 첫 번째 선택지를 고릅니다. 선택한 대로 실천한 현실을 상상합니다. 무엇이 달라졌나요? 결정 후 당신의 삶은 어떻게 흘러갔나요? 당신의 하루하루가 멋지나요? 당신은 어떤 모습인가요? 기분이 어떤가요?
   무엇보다 가장 중요한 질문은 이것입니다. 당신은 행복한가요? 이 단계에서는 선택지를 상상하며 느껴보기만 하면 됩니다. 결론 짓고 결정 내릴 필요는 없습니다.

3. 두 번째 선택지, 세 번째 선택지도 똑같이 골라봅니다. 이 모든 선택의 결과도 상상합니다. 선택이 가져올 결과를 현실인 듯 생생하게 상상해봅니다. 역시 아직 결론짓고 결정 내릴 필요는 없습니다.

4. 명상 중에 미처 생각지 못한 선택지가 떠오를 수도 있습니다. 그것도 골라 상상해보세요. 이번에도 선택의 결과를 상상하기만 하면 됩니다.

5. 각 선택지가 가져올 다른 현실을 다시 되새겨봅니다. 어떤 선택지가 가장 좋았나요? 어쩌면 이미 몇 가지 선택지는 버렸을 수도 있습니다. 벌써 결정을 내리고 싶은 생각이 들었나요? 객관성과 통찰력을 발휘해 가장 느낌이 좋은 선택지로 골라보세요.

마무리

결정을 내리고 나니 기분이 좋은가요? 그럼 그 기분에 푹 젖어보세요. 당신이 내릴 결정이 가져다줄 행복을 기대해 보세요. 혹시 의심이 들거든 다시 첫 번째 단계로 돌아가 여러 선택지를 꼼꼼히 살펴봅니다.

결정이 만족스럽다면 이제 명상을 마무리할 시간입니다.

호흡에 집중하세요. 결정하느라 살짝 긴장하거나 흥분했더라도 누구나 그럴 테니 괜찮습니다. 조용히 호흡하고 긴장을 풀어보세요. 코로 숨을 들이쉬고 입으로 천천히 내쉽니다. 숨이 하나도 남지 않을 때까지 다 뱉어냅니다.

사랑을 담아 자신에게 미소를 선사하세요. 당신은 자기 안에서 문제의 답을 찾았습니다. 기분이 정말 좋지 않나요?

손발을 살짝 움직이고 기지개를 쭉 켭니다. 눈을 뜹니다.

시험을 망칠까 봐 두렵다면

사회공포증과 시험공포증의 이유는 매우 다양합니다. 하지만 대부분이 미래를 부정적으로 그리는 데서 비롯합니다. 앞에 나가 발표하는 동안 전부 엉망진창이 될 것이라 생각하는 거죠. 목소리가 안 나오고 얼굴은 새빨개지고, 머리가 하얗게 돼 아무것도 생각나지 않을 거라 상상합니다. 그런 장면을 오래, 구체적으로 상상할수록 불쾌감은 더 커지기만 합니다.

이 명상은 당신의 상상 시나리오를 긍정적인 방향으로 돌릴 겁니다. 그럼 발표나 시험을 힘차게 준비할 수 있을 것이고 공포증도 막을 수 있을 겁니다.

준비

이 명상은 시험 치는 날이나 발표하는 날에 하면 좋습니다. 공포증을 잠재울 수 있으니까요.

명상하기 좋은 장소를 찾습니다. 잠시 혼자 조용히 편안하게 있을 수 있는 장소를 택합니다.

마음을 차분히 가라앉히고 눈을 감습니다.

자신의 몸을 느껴보세요. 호흡에 집중해 들고 나는 숨을 관찰합니다. 마음을 더 안정시키고 싶으면 몇 번 깊게 호흡해도 좋습니다.

명상

1. 앞으로 닥칠 상황을 생각합니다. 그 상황을 상상하며 어떤 장면과 공포가 떠오르는지도 지켜봅니다. 잘못될 수 있는 모든 일을 생각해봅니다. 지금은 그래도 괜찮습니다. 당신이 겁내고 실패할 수 있는 모든 상황을 빠짐없이 떠올려보세요.

2. 그 장면을 계속 상상하면서 색깔을 없앱니다. 장면이 흑백이 됩니다. 이번엔 소리를 죽입니다. 무음이 됩니다.

3. 화면의 크기를 줄여 우표 크기로 만듭니다. 우표를 가방에 넣고 다른 새 우표와 바꿉니다.

4. 작은 흰색 우표를 상상합니다. 우표가 캔버스 크기로 커집니다. 당신은 이 우표 캔버스에 새로운 장면을 그릴 수 있습니다.

5. 이번에는 당신이 바라던 대로 상황이 흘러간다고 상상합니다. 당신이 당당하게 앞으로 걸어갑니다. 말이 술술 나옵니다. 어려운 질문에도 척척 대답합니다. 청중이, 시험관이 박수를 칩니다. 발표를 마친 당신은 기뻐 모두에게 자랑합니다.

6. 모두가 기뻐하는 이 화면에 가장 예쁘고 화려한 색깔을 입히세요. 크기를 키우고 소리도 높이고 색깔을 화려하게 칠합니다. 그 장면에 푹 잠깁니다. 마치 현실처럼 그 장면을 생생하게 느낍니다. 환한 미소를 지어보세요.

마무리

시험 합격, 발표 성공의 기쁨을 잠시 온전히 느껴보세요. 다가올 성공을 자주, 생생하게 상상할수록 공포증도 많이 줄어들 겁니다.

이제 다시 호흡에 집중합니다. 코로 깊게 숨을 들이쉬고 입으로 천천히 내쉽니다. 몸으로 들어갔다 빠져나오는 숨을 느껴보세요.

명상 장소를 알아차립니다. 엉덩이에 닿은 방석을 느껴보세요. 손발을 살짝 움직입니다. 기지개를 켜고 밝게 미소 짓습니다.

정말 잘했습니다. 다시 한번 깊게 숨을 쉬고 눈을 뜹니다.

※ 공포증이 심할 때는 며칠 전부터 이 명상을 시작해 매일 반복해보세요.

마치며

함께할 수 있어 참 좋습니다

이 책이 세상에 나와, 당신이 이 책을 손에 들고 있어 얼마나 행복한지 모르겠습니다. 이 자리를 빌려 저를 응원해주신 분들께 감사의 인사를 전합니다.

책을 출간해주신 출판사에 감사합니다. 책이 나오기까지 협력을 아끼지 않은 모든 분께 정말 감사드립니다.

가르침을 준 분들께도 감사드립니다. 저는 강의와 연수, 책, 비디오, 팟캐스트를 통해 많은 것을 배웠습니다. 그 소중한 지식과 자극, 영감에 감사드립니다.

제 팟캐스트를 듣고, 댓글을 달고, 체험담과 놀라운 소식을 전해준 많은 분께도 감사 인사를 전합니다. 좋은 댓글과 격려가 엄청난 힘이 됐습니다.

가장 가까운 이들도 빼놓을 수 없겠지요. 항상 용기를 주는 부모님과 친구들에게 깊은 감사를 전합니다. 팟캐스트 녹음을 하면 먼저 들어주고 품평을 아끼지 않으셨죠. 제 발전과 성공을 누구보다 기뻐하는 이분들이 있어 얼마나 든든한지 모릅니다.

그 누구보다 먼저 안아주고 싶은 사람이 있습니다. 저를 가장 많이 응원하는 사람, 그의 도움이 없었다면 이 책은 세상에 나오지 못했을 겁니다. 항상 나를 믿어주는 사람, 힘들 때 힘을 주고 좋은 날을 더 찬란하게 밝혀주는 사람, 사랑하는 우리 남편에게 고맙고 또 고맙다고 말하고 싶습니다.

마지막으로 당신께 감사드립니다. 당신이 자신의 몸과 마음을 돌보고, 그런 당신 곁에서 제가 잠시 함께 걸을 수 있어 얼마나 고마운지 모릅니다.

당신들이 있어 정말로 참 좋습니다.

추천의 글

삶의 순간순간, 명상을 통해 나에게 다정하게 다가가기

고등학생 때 선생님께서 명상을 권해주신 적이 있습니다. 그 당시엔 명상을 하면 뭐가 좋은지도 몰랐고, 귀찮기만 해서 전혀 시도도 해보지 않았죠.

하지만 이제 명상의 효과를 모르는 사람들이 드뭅니다. 트렌드가 되었고, 많은 유명 기업이 직원들에게 명상을 권합니다. 전 세계 모두가 아픔을 겪은 팬데믹을 지나며 그 어느 때보다도 명상에 대한 관심이 뜨거워졌습니다.

세계의 좋은 명상책을 찾아 여러분께 소개하고 싶은 마음이 늘 있었는데, 미소만 봐도 마음이 밝아지는 이 책의 저자 파울리나 투름을 만나게 되어 기쁩니다. 파울리나 투름은 독일에서 책과 팟캐스트로 일상에서 할 수 있는 명상법을 제안하는 명상가입니다. 처음 해봐도 쉽고 간단하게 할 수 있는, 지금 바로 이 순간에도 따라 할 수 있는 명상법들이죠.

매일 일상에서 명상을 만나보세요. 바쁜 와중에도 틈틈이 나의 호흡과 만나는 명상, 햇살을 온몸으로 느끼는 명상, 특히 '오렌지 향기'처럼 깨끗한 유기농 과일을 음미하며 먹는 명상……. 명상이 우리 삶을 얼마나 생동감 넘치게 하는지 느껴보세요. 명상과 함께할 때 고해상도로 생생하게 펼쳐지는 삶을 경험해보세요.

물론 아무리 쉽게 알려줘도 해보지 않으면 아무 소용이 없어요. 학생 시절의 저처럼요. 저는 번아웃을 겪으며 지칠 대로 지쳐 지푸라기를 잡는 심정으로 명상을 만났습니다. 여러분은 저처럼 극단적인 상황에서 명상을 만나기보다, 미리 만나 마음을 단련할 수 있었으면 좋겠습니다.

명상을 하고서 무엇이 달라졌는지 물으신다면 이곳에 다 적기가 힘들 것 같아요. 명상 덕분에 삶을 생생하게 경험하며 살게 되었고, 삶의 주인이 되어 내가 무엇을 원하는지 스스로 물어보며 나아가게 되었어요. 무엇보다 저 자신을 친절하게 돌볼 수 있게 되었습니다.

자기 자신과 만나고 싶은 분들에게 명상을 권하고 싶어요. 명상하는 시간은 있는 그대로의 나를 만나는 시간이에요. 나를 만나는 첫걸음이죠. 또 이 책에서 나온 말처럼 온전히 '당신만을 위한 시간'입니다. 명상을 통해 나를 만나고 한 걸음 한 걸음 다정하게 다가가다 보면 어느새 스스로 있는 그대로를 사랑하게 된 나를 발견할지도 몰라요. 그리고 자신을 든든히 믿어주는 나도요.

이 책을 편 지금 이 순간, 명상을 시작해보세요!

《나의 하루는 명상에서 시작된다》 저자
사단법인 국제마인드풀니스협회 회장
경서윤

초보자와 경험자, 모두에게 좋은 명상의 동반자!

설명이 쉽고 방법이 자유롭습니다. 사람마다 자기 속도에 맞춰 명상할 수 있어 좋습니다. 자괴감에 관한 명상법은 꼭 해보세요.

_Franziska Zimmermann

제가 가진 가장 예쁘고 작은 책이에요

선물로 손색없어요. 언젠가부터는 명상하지 않아도 '내가 굳이 이렇게 스트레스를 받을 이유가 있을까' 자연스럽게 생각이 듭니다. 인생은 짧으니까요!

_Ekrem E.

어딜 가든지 꼭 가방에 넣고 다닙니다

팟캐스트를 들으면 늘 '짧은 휴가'를 다녀온 기분이었는데 드디어 맞춤 책이 나왔네요! 책 크기가 작아 가방에 넣고 다니면서 필요할 때 얼른 펴서 보기 좋아요. 최고예요!

_Vanessa K.

일상 중 따뜻한 쉼터

이 책은 이제 제 일상이 됐습니다. 지친 몸과 마음을 위해 무엇이든 해보려는 모든 분에게 추천해요.

_아마존 독자 1

사랑스러운 작은 도우미

멋진 명상 방법과 설명을 곁들인 사랑스러운 명상 도우미입니다. 무엇보다 오디오 없이 명상에 몰입할 수 있다는 점이 정말 좋습니다.

_아마존 독자 2

옮긴이 **장혜경** 연세대학교 독어독문과를 졸업하고 같은 대학 대학원에서 박사과정을 수료했다. 독일 학술 교류처 장학생으로 하노버에서 공부했다. 전문 번역가로 활동 중이다.《삶의 무기가 되는 심리학》,《나는 이제 참지 않고 말하기로 했다》,《오늘부터 내 인생 내가 결정합니다》,《나는 왜 무기력을 되풀이하는가》,《처음 읽는 여성 세계사》,《숲에서 1년》,《나무 수업》,《자전거, 인간의 삶을 바꾸다》,《아무도 존중하지 않는 동물들에 관하여》,《딱 한 걸음의 힘》,《우리는 여전히 삶을 사랑하는가》,《아이에게 쓸데없는 행동은 없습니다》 등을 우리말로 옮겼다.

아무리 바빠도 마음은 챙기고 싶어

초판 1쇄 발행 2022년 9월 2일

지은이 • 파울리나 투름
옮긴이 • 장혜경

펴낸이 • 박선경
기획/편집 • 이유나, 강민형, 오정빈, 지혜빈
마케팅 • 박언경, 황예린
제작 • 디자인원(031-941-0991)

펴낸곳 • 도서출판 갈매나무
출판등록 • 2006년 7월 27일 제395-2006-000092호
주소 • 경기도 고양시 일산동구 호수로 358-39 (백석동, 동문타워1) 808호
(우편번호 10449)
전화 • (031)967-5596
팩스 • (031)967-5597
블로그 • blog.naver.com/kevinmanse
이메일 • kevinmanse@naver.com
페이스북 • www.facebook.com/galmaenamu
인스타그램 • www.instagram.com/galmaenamu.pub

ISBN 979-11-91842-30-2 / 03190
값 14,500원